남·북한·재외 동포여!

8000만 온 겨레에게 고함

– 통일의 길로 나가자! –

김상운 저

저자의 말

민족 공생의 대도(大道)로 나가자

한반도여!
한민족이여!

누군가 이렇게 외친다면 조국의 숨 막히는 현실에 대한 탄식이라는 사실을 직감할 수 있을 것이다.

한반도 분단의 모진 상황은 어언 70년의 긴 세월 동안 이어져 왔다.
그것이 외세 탓이든 민족이 각성하지 못한 탓이든, 민중은 이제 위기감 따위는 면역이 생긴 듯 무감각한 상태인 것 같다.
이산가족 상봉도 남의 나라 이야기가 된 듯하다.
위기는 숨 막히는 상황만이 아니다.
운명 공동체로서의 민족적 동포애 정신이 무뎌진 것이 더 큰 위기임을 깨닫지 않으면 안 된다.

왜 이토록 얼빠진 민족으로 전락하였는가?

    그 원인은 처음부터 오늘날까지 소위 이데올로기 투쟁 때문이다.

    북한은 사회주의적 애국을 최상의 애국으로 강요하고, 남한은 자본주의, 즉 자유시장 경제체제를 최상의 애국으로 강요해 왔다.

    일컬어 북한식 애국은 사회주의적 애국으로서 그 이데올로기의 핍박이 불가피한 것이었고, 남한식 애국은 자본주의적 애국으로서 모든 국민이 물신 숭배자가 되어 돈의 노예로 전락 되게 하였다.

    오늘날 한국인의 이와 같은 정신 현상은 불가피한 역사적 산물이라고 할지라도, 그것이 좌우 이데올로기 충돌이 빚은 유독(流毒)임을 꿰뚫어 보아야 한다.

    한반도 정세는 '북한 핵' 문제로 첨예한 상황이 이어지고 있다. 이것은 물론 갑작스럽게 돌출한 상황이 아니며, 불행하고 지루한 한반도적 냉전 상황의 연장선상에 있다.

이와 같은 최악의 냉전 상황의 근본 원인은 재론의 여지조차 없이 이데올로기, 즉 국가체제의 적대성에서 그 원인을 찾을 수 있다.

 과거사들은 접어놓고 북한이 '핵'을 무기로 미국에 요구하는 것은 자기 체제의 인정과 불가침조약 체결에 목적이 있음을 알 수 있다.

 세계 초강대국으로부터 체제를 인정받고 체제의 안전성을 보장받으려는 전략적 카드가 핵 카드임은 너무나 명백한 사실이다.

 우리 국민은 북한 당국의 집요하고 일관된 이데올로기적 자폐성과 독단성을 새삼 주시하지 않을 수 없다.

 그들이 그처럼 맹신하고 강요하는 사회주의적 애국심이 정녕 우리 땅과 그 안에 거주하는 민족 구성원의 안녕과 행복을 담보할 수 있는 것일까?

 그렇다고 정반대의 현상인 자본주의적 애국심을 최선의 선택이라고 강변할 수도 없는 것이 솔직한 고백일 수밖에 없다.

 북한 주민은 탈북을 감행한다. 목숨 건 탈출이다. 우리는 사회주의적 애국이 겨레를 고통스럽게 하는 현장을 보는 것이다.

 자본주의적 애국은 어떠한가.

 노사갈등이 끊이지 않고, 가계 빚이 눈덩이처럼 늘어나고, 카드 빚에 몰려 목숨을 끊는 상황에 몰리고 있다. 그럼에도 수입

양주는 소비되고 있다. 이것이 남한의 자본주의적 애국의 현주소가 아닌가.

과연 어느 애국이 '참 애국'인가?

단정하거니와 두 가지가 똑같은 참다운 애국의 길이 아니다. 그래서 아인슈타인은 자본주의도, 공산주의도 똑같이 경멸했던 것일까. 현실적 대안이 확연치 못한 것이 역사의 딜레마이며, 역사적 과제임을 부인하기는 어렵다.

우리의 시각은 역사의 변화 추이와 변화의 타당성 또는 변화의 법칙에 주목하고 긍정과 부정의 냉철한 혜안을 더욱 밝혀나가야 할 것이다.

취할 것은 취하고 버릴 것은 버리는 과단성 있는 이데올로기의 창출이 요구되는 역사적 현실에 도달해 있음을 직시해야 한다.

이러한 요구는 남과 북의 정부와 지도층, 좌우 이데올로기의 맹신그룹들이 다 함께 겸허하게 수용해야 할 문제이다.

이념의 도착 상태에서 스스로 해방하고, 민족의 안녕과 행복을 확고하게 할 민족 공생의 대도로 기꺼이 나서야 할 때가 되었다.

성숙한 민족의식은 신민족주의, 배타적 민족주의가 아니다.

베를린 장벽은 무너졌는데 한반도의 장벽은 어째서 더 견고해야 하는가?

동구 세계의 몰락이 서구 세계의 승리는 아니다. 세상은 여전히 갈등과 고통, 누적되는 문제들로 가득하다.

지구상에 하나뿐인 분단국 한반도가 남북 화합, 좌우 이데올로기의 화합과 융합을 통해 통일을 성취하는 날, 그 이념은 단연 인류의 정신, 시대정신으로 찬양될 것이다.

공산주의 나라들은 몰락했어도 마르크스의 사상은 죽지 않고 있음을 주시할 필요가 있다.

인간이 인간을 착취하는 제도를 타파하고, 평등 세계를 건설하자는 기본 사상은 인간 정신의 원초적 본능의 표현임이 틀림없다.

1999년 10월, 영국 BBC방송의 여론조사는 아인슈타인, 뉴턴, 다윈을 제치고 마르크스가 가장 위대한 사상가 1위를 기록했었다. 그같은 결과는 착취 증오와 평등에 대한 영원한 소망의 반영임이 틀림없는 것이다.

마르크스의 이론은 인간의 소망을 지적으로 구성한 것만이 아니라, 그 성취 방법을 제시한 것이 매력을 풍겼다고 할 수 있다.

여하튼 평등은 인간의 영원한 명제임을 누가 부인하겠는가.

북한의 핵 카드는 민족 구성원 전체를 긴장시키고 불안하게 하는 요소다.

조금이나마 변화가 수용되는 남한 사회와 요지부동인 북한 사회의 체제와 이데올로기, 둘 중 어느 쪽을 선택하느냐의 문제가 아니다.

더 늦기 전에 남한과 북한은 달리는 평행선에서 뛰어내려 분단의 시대, 좌우 이데올로기 대결의 시대를 종식해야 하지 않겠는가.
그 분별의 지혜를 이 책에 담아보았다. 작은 보탬이 되기를 기대한다.

2024년 9월 1일

김 상 운

추천사

평화 통일의 불씨가 되살아나길 염원하며

저자 김상운 선생은 1933년 황해도 해주에서 태어났다. 1950년 해주사범학교를 졸업하고 집단농장 생산지도원으로 근무하다 1953년 7월 15일 휴전 직전 북한에서 탈출했다. 10여 명의 결사단을 조직하여 집단으로 자유를 찾아 남하했다. 이 책은 두 편의 글로 구성되어 있다.

첫 번째 글은 분단의 역사를 온몸으로 관통해 온 저자가 민족의 화해와 동질성 회복을 염원하는 글이다. 두 번째 글은 20년 전 『한반도 이데올로기는 공포다』라는 제하의 책에 실었던 동일 제목의 원고 원문을 그대로 게재한 것이다.

저자는 첫번째 글에서 한반도의 신탁통치를 비롯한 식민지 나라의 처리를 논의한 1945년 2월 얄타회담(Yalta Conference)부터 한반도에 38선이 그어진 후 북은 소련이, 남은 미군이 진주하여 군정이 실시되고 분단으로 치달리게 된 배경에 대해 짚었다.

특히 BC586년 바빌론에 의해 멸망한 유다왕국(남이스라엘 왕국)을 끝으로 국가를 상실한 이스라엘 민족이 2524년 동안 나라 없이 살다가 1948년 5월 14일 팔레스타인에 제2의 건국을 이룬 것을 높게 평가하고, 이것은 이스라엘 민족의 얼이 살아 있었기에 가능했다고 말하고 있다. 이스라엘보다도 긴 4357년의 역사를 가진 우리 배달민족이 일제강점기를 거치고 남과 북으로 분단된 현실을 애통해한다. 남북한 이데올로기의 기저를 이루는 공산주의와 자본주의에 대해서도 문제점을 지적한다.

이 밖에도 북한에서 마르크스주의마저 포기하고 김일성 주체사상에 입각한 3대 세습 체제가 구축된 것을 통렬하게 비판한다. 아울러 남한이 채택한 자본주의 역시 극심한 양극화로 인해 부익부 빈익빈이 심화한 현실을 비판하고 있다.

두 번째 글, 「KOREA 이데올로기는 공포다」라는 논문에서는 분단 체제가 고착화 되는 과정에서 남북의 위정자와 지배계급이 공포 이데올로기로 확산시켰음을 지적하고 비판한다. 남북한은 6.15 남북 공동선언으로 남북 평화 통일 대원칙을 세계만방에 공표했음을 재확인하고 있다. 민족 통일은 오로지 남북의 평화공존을 전제로 추진되어야 한다는 대원칙을 강조하는 것이다.

저자는 한반도에서 공포 이데올로기를 걷어내기 위해서 남북이 서로 이해하고 한발씩 양보해야 한다고 말한다. 또한 남북 협력과 평화 통일의 주체는 민족이라는 점을 잊어서는 안된다고 절규하듯이 외치고 있다.

2024년 현재 91세의 노 애국자 김상운 선생의 소망이 이루어지기를 바라며, 그의 염원은 평화 통일의 소중한 불씨가 될 것임을 믿어 의심치 않는다. 선생의 저서가 모쪼록 청년과 많은 국민에게 널리 읽히기를 바란다.

아울러 2024년 7월 27일 휴전협정 71주년을 맞아 이제는 남북의 정치 지도자들이 다시 한번 머리를 맞대고, 진정 무엇이 우리 겨레의 살길인지를 진지하게 모색하기를 염원해 본다.

김 종 경(언론인)

일러두기

- 이 책의 두 번째 글인 「KOREA 이데올로기는 공포다」는 저자가 20여 년 전인 2003년에 발간한 『韓半島 이데올로기는 恐怖다』라는 제목의 저서에 실었던 동일한 제목의 원고로, 이번에 원문을 그대로 게재했다.
- 저자는 이 글을 다시 소개할 수밖에 없는 이유에 대해 배달겨레의 이데올로기 쟁투로 인한 피해와 고통이 극심한 점을 들고 있다. 저자는 「韓半島 이데올로기는 恐怖다」라는 글에 이와 관련된 내용이 아주 극명하게 서술되어 있다며, 비록 20여 년이 지났지만, 오늘의 형세와도 큰 차이가 없다고 밝히고 있다.
- 저자는 덧붙여 "단지 형세의 변화 한 가지를 말한다면, 북의 삼대 세습 정권이 핵무기를 과대 광고하며 동족 간에 위협을 가하고 시끄럽게 날뛰고 있다는 점"이라고 지적하고 있다.
- 다시 한번 「韓半島 이데올로기는 恐怖다」의 원문임을 밝히며, 20년 전 서술임을 이해하며 독서에 임해줄 것을 원한다.

고지(告知)의 말씀

저자인 본인은 올해 91세다. 노쇠하여 일상까지 어려운 상태이다. 그럼에도 이 글을 절실한 심정으로 썼다.
원하건대, 젊은 평화의 용사들아! 모이고 단결하자!
큰일 시작하는 큰 얼개의 완성을 기원한다.

1. 남녀노소 모두 배달의 넋으로 모이시오.
   더 이상 넋을 놓고 있을 때가 아니다.
   큰 뜻, 큰일에 나서야 한다.
2. 일을 꾸리자면, 큰일일수록 자금이 필수다.
   커피 한 잔 값, 라면 한 봉짓값이라도 모이면 큰 힘이 된다.
   개인과 기업의 적극적인 참여를 당부한다.
   기부, 찬조하는 분은 반드시 성명 기록 요함.

입금 계좌
예금주 (가칭) 평화통일단 농협 235014-56-008612
예금주 (가칭) 평화통일단 우리은행 079-050271-02-003

목 차

저자의 말 · 2
추천사 · 8
일러두기 · 11
고지(告知)의 말씀 · 12

1. 온 겨레에게 고함

유구한 역사의 겨레여! 세계만방으로 뻗어나가자 · · · · · · · · · · · · · 16
민족정신의 각성이 필요한 때 · 20
철천지원수가 된 남과 북 · 23
8,000만 민족이여! 통일을 이루자 · 26

2. KOREA 이데올로기는 공포다

민중의 생사여탈권을 장악한 이데올로기 · · · · · · · · · · · · · · · · · · · 32
민족 학살에 대한 철저한 반성 필요 · 34
6.25 전쟁 희생자 520만명 · 37
남북 화해를 위한 솔직한 고백과 사과 · 39
평화적, 자주적 통일은 지상 과업 · 41
이데올로기여! 무력과 폭력을 버리자 · 43
좌우 이데올로기 대립은 민족의 분열과 상처 · · · · · · · · · · · · · · · · 48
평행선을 질주하는 극심한 양극적 대결 · 50

전쟁에 의한 통일은 민족 자멸의 길 · 53
좌·우 이데올로기 통일의 선결 과제 · 56
관제 통일 논의에서 벗어날 때 · 58
동포를 울골질한 이데올로기 하수인들 · 59
민족 이데올로기 탄생 · 61
토론과 정책 대결의 길로 · 63
민족은 영원하나 이데올로기는 영원하지 않다 · · · · · · · · · · · · · · · · · · 65
특권층 전유물이 된 이데올로기 · 67
냉전 종식 '부시·푸틴의 공동선언' · 68
공포 이데올로기에서 벗어나 융합 모색할 때 · · · · · · · · · · · · · · · · · · 69
한반도 이데올로기의 괴뢰성 · 71
민족 반역의 죄를 용서하는 동포애 · 72
독일 의회 '한반도 평화 통일 촉구 결의안' · 73
통일을 위한 실천의 중요성 · 78
잡아 죽일 놈에서 막걸리 나누고 싶은 놈으로 · · · · · · · · · · · · · · · · · 80
막대한 군비를 통일 비용으로 · 81
휴전선의 철책을 걷어내자 · 84
한반도에 보이는 희망 · 86
현대는 무(無)이즘의 시대, 새로운 역사를 향해 · · · · · · · · · · · · · · · · 88
통일의 방법 안출(案出) 위한 통일 씽크탱크 · · · · · · · · · · · · · · · · · · 91

온 겨레에게 고함

배달이여! 남·북한·재외 동포여!
8,000만 우리 온 겨레여!
불행의 각질을 부숴 버리고 일어나자.
21세기 지금 이때가 바로 배달이 떨쳐 일어설 때다.
세계만방으로 뻗어나갈 때가 되었다. 지금이 바로 그 적시다.
배달의 이 땅이 바로 적시적지(適時適地)가 되었다.

그 빛나는 황홀경(恍惚境)은 어디서 왔는가? 어디에서 확연히 볼 수 있는가?
본지(本旨)는 바로 이것이다. 바로 동서 강대국 블록(block)들이 서로 장검을 휘두르며 사생결단으로 쟁패하고 있는 이때이다.
지금 쌍방은 쟁패하면서도 숨 가쁘게 지쳐있는 상태이다.
우리 배달이 용감하게 이 미련하고 서로 죽을 수밖에 없는 싸움판에 뛰어드는 것이다. 그래서 부질없는 바보 같은 싸움질 그만하라고 싸움을 말리는 것이다.

우리 속담에 "싸움은 말리고 흥정은 붙이라"라는 말이 있다.

이제 배달이 크고 넓게 활용할 때가 온 것이다.

싸움 말리기는 아주 공평성이 있어야 한다. 그런데 싸움꾼들은 과연 어찌 나올까.

사생결단할 테니 참견하지 말라고 할까.

오래 끌어온 이 싸움질에 지칠 대로 지치고 숨이 넘어갈 판이니 "제발 좀 말려주시오!"라고 할까.

유구한 역사의 겨레여! 세계만방으로 뻗어나가자

우리 겨레의 역사를 간단히 생각해 보자.

배달겨레는 반만년 유구한 역사를 힘껏 지켜온 민족이다.

그러나 겨레의 뜻과는 너무 딴판으로 수치스러운 분단을 떠안았다. 흘러간 세월, 얼마나 통절하였던가. 일제강점기까지 합치면 장장 100년이 넘는 세월이다.

현재의 남북 분단 대립 상황이 그대로 이어진다면 어찌 될까. 심각한 내외 정세가 계속되는 가운데, 100년, 200년이 가도 온 겨레가 두 손 모아 간절히 기원하는 민족 통일은 백년하청이 될 수도 있다.

뼈아프고 수치스러운 민족 분단을 어쩌다 당하고 있는가.

백의민족이 낙후하고, 못나고, 모자라서 이 같은 불행을 떠안은 것인가.

절대로 아니다, 우리의 글 한글은 얼마나 자랑스러운가. 금속활자는 서양의 구텐베르크보다 무려 70년이나 앞서지 않았는가.

다만, 국력을 기르지 않았던 탓으로 주변 나라들의 침탈을 수없이 당하면서 그들의 농간질로 빚어진 나쁜 역사가 이어져 오는 것이다.

여기서 잠시 우리 민족과 역사와 운명이 대동소이한 이스라엘 민족의 역사를 확인해 보자.

그것은 이스라엘 민족이 당한 역사도 배달이 침탈당한 절통한 역사와 아주 유사하기 때문이다. 그래서 배달민족은 동방의 이스라엘이라고도 하지 않는가.

우리가 유대민족에 대해 아는 것은 히틀러의 나치 독일이 유대인을 집단 학살한 홀로코스트 정도일뿐 깊이 아는 것이라곤 없다.

좀 더 자세히 이스라엘 민족의 뼈아픈 역사를 한번 살펴보는 것은 배달의 미래에 유익함이 있을 것이다.

유대민족은 BC 10세기경 팔레스타인 지방에 거주하였고, BC 586년에는 '바빌론'의 왕인 '네부카드네자르' 대왕에게 예루살렘을 점령당했다. 그 후 AD 70년과 135년 로마제국과의 전쟁에서 멸망 당해 '디아스포라'(분단 유대민족)로 아랍의 여러 나라, 즉 요르단, 시리아, 레바논, 이집트, 리비아, 알제리, 모로코 등지에서 온갖 박해와 학대를 받으며 살 수밖에 없었다.

'디아스포라', 즉 흩어진 유대민족은 아랍인들이 지정한 '게토'(유대인 거주지)에서 붉은 잉크로 JEW(유대인) 스탬프로 누른 신분증을 소지해야만 했다.

리비아에서는 아랍계 군중 20여 명이 유대인을 학살하는 사건이 있었고, 혹사당하면서도 신분은 2류급 취급을 받아야 했다.

하지만 유대인은 무역, 예술, 학문에 출중했다. 이는 1948년, 이스라엘이 건국하는 데 큰 힘이 되었다.

위에 열거한 이스라엘 민족의 피눈물 역사는 마치 우리 배달의 일제강점기 역사와 흡사하지 않은가. 일제강점기 때 당했던 징용, 위안부(14세 소녀도 끌려감) 등의 통절한 역사와 일맥상통함을 알 수 있다.

오늘날에도 두 민족의 처지는 흡사하다. 이스라엘은 여전히 아랍 여러 나라에 포위되어 위험한 화약고 속에 있다. 배달 역시 강대국(block)들의 패권주의 다툼의 한가운데 갇혀서 "고래 싸움에 새우 등 터진다"라는 말처럼 위험천만한 처지로 민족통일의 때를 찾는 중이다.

다만, 이스라엘과 한 가지 차이점이 있다면, 배달은 골육상쟁 끝에 꼴사나운 정전이라는 담판으로 70여 년 동안이나 총성

없는 전쟁을 벌이고 있다는 사실이다.

유대인은 건국 이래 아랍인과 여러 차례 전쟁을 치렀으나 승리하였고, 배달처럼 동족상잔은 치르지 않았으니, 그 문제에 있어서는 배달이 크게 수치스러운 일이 아닐 수 없다.

서두에서 떨쳐 일어나 세계만방으로 뻗어나갈 때가 되었다고 외쳤다. 그러나 소리높여 외치는 것만으로는 태부족이다.

그렇다면 어찌해야 할까. 길 찾기, 확실한 방법을 찾아야 한다.

묘책은 없을까. 지금 바로 그 묘책을 찾아 출발해야 한다.

그 전에 우선 배달에게 닥친 불행의 연원부터 찾아 밝히고, 그것들을 말끔히 제거해 나가야 할 것이다.

인류 사상 약소민족은 침략당하고 수탈당하는, 대단히 불의한 역사가 진행되던 시기가 있었다. 인류애에 입각한 정신에서 멀리 일탈한, 정의롭지 못한 역사의 시기였다.

그러나 세계 제2차대전 후에는 수많은 약소민족이 해방되었고 독립 국가가 되었다.

그런데 배달겨레 우리는 어떠했는가?

연합국의 승전 덕분에 간악한 일제의 사슬에서 해방은 되었으나, 민족 분단의 비극이 80년 가까이나 계속되고 있는 현실이다.

왜인가? 어째서 우리가 이 수난에 갇혀 통절한 신음에 몸부림쳐야 하는가.

배달겨레가 어리석고 현명치 못해서일까?

오늘 당장 우리가 이 심각한 물음에 대답해야 한다.

만약 명증하고 뚜렷한 대답을 찾지 못하면, 겨레의 장래는 지난 수치의 역사처럼 암담한 역사를 면치 못할 것이다. 이 얼마나 겨레 앞에 심각한 문제인가.

민족정신의 각성이 필요한 때

필자는 무엇보다 민족정신의 각성을 요구하는 것을 제1의(第一義)에 두고자 한다.

"역사를 잊은 민족에게는 미래가 없다"라는 명언이 있다.

배달은 지금 길게 이어진 불행의 민족사 앞에서 민족정신이 몽롱한 우울 증상에 빠져 있는 것은 아닌가 싶다.

미래를 확실히 예측할 수 없는, 농무가 덮인 현실 앞에서 자포자기 상태는 아닌가.

앉아서 이 땅의 비색한 운명을 한탄하고 자탄하면서 희희낙락으로 세월을 빼앗기고 있는 것은 아닌가.

사방이 니나노판 닐리리쿵더쿵 판이다. 우리는 원래 흥이 많은 민족이니 즐기는 삶을 탓할 수는 없다. 그러나 결코 그러해서는 안 될 것이다.

겨레가 겪은 불운한 모습을 깊이 자책하는 마음이 있어야 올바른 것이다. 그것이 바로 정신적인 각성일 것이다.

다음으로 세계 제2차대전 말부터의 역사를 차례대로 짚어 살핌으로써 민족적 대응의 방법을 찾아야 한다.
첫째, 배달 분단의 씨앗이 된 1945년의 얄타회담을 빼놓을 수 없다. 매우 심각한 사건이었다.
얄타회담은 흑해 연안의 휴양지 얄타에서 당시 영국, 미국, 소련 등 3개국 수뇌가 세계 제2차대전의 전후 처리 방안을 협의한 회담이다.
이 회담에 당연히 배달 반도의 문제가 의제에 포함되었다.
하지만 3개국 수뇌들은 배달을 즉각 독립시키지 않고 일정 기간 신탁통치를 거쳐 독립시킨다는 데에 원칙적으로 찬성했다.
그러나 문제는 1945년 8월에 소련이 배달의 38도선 북녘을 완전 점령, 이때부터 사실상 분단이 시작되었다는 사실을 확실히 기억해야 한다.
소련은 일본의 패전이 임박했음을 간파하고, 대일본 참전 결정과 동시에 파죽지세로 만주를 거쳐 우리 땅 북녘에 진주해 왔으니 가증하다고 아니할 수 없다.
이렇듯 강대국들의 우리 독립에 대한 불성실과 가증스러운 농간 책에 의해서 배달의 운명이 좌지우지되었으니, 하늘을 원망한들 무슨 소용이 있겠는가.
속수무책이라는 말은 이러한 때에 적합한 말이다.

분단으로 겨레의 비운을 뻔히 감지하면서도 우리의 힘으로는 감당해 낼 방도가 없었으니 "겨레의 운명이 비색 하다"고 한탄할 수밖에 없다.

가엾도다, 배달겨레여!

지금에 와서 분단의 원인을 어떻게 진단함이 타당할까?

첫째는 외세의 강압 때문이다. 둘째는 민족 내의 이념 갈등이고, 셋째는 외세와 민족 내 이념 갈등의 합작이라고 볼 수 있다.

필자는 셋째 진단이 합당하다고 믿는다. 왜냐면, 외세의 강압도 속수무책이었지만, 겨레 내에서조차 이념의 갈등이 있었으니 이를 통틀어 민족 앞의 대세가 불행의 연속이 아니었는가. 이를 어찌 감당하겠는가.

일단, 첫 번째 외세의 강압 문제는 배달의 근세사에 다소나마 관심이 있는 배달의 형제라면 이미 인지하고 있는 사실이므로 본 논의에서는 생략하기로 한다.

두 번째의 문제, 즉 민족 상호 간에 인식한 이념의 차이가 민족 분단의 크나큰 악재였음을 새삼스럽고 구차스러운 대로 밝혀나가기로 한다.

철천지원수가 된 남과 북

민족 분단의 원인이 민족 내 이념 갈등이라 정의하였으므로, 우선 이념이란 무엇인가를 잠시 궁구함이 전체적 이해에 도움이 될 것으로 생각한다.

이념에 대해 사전의 풀이를 요약하면, 인간의 생각 중에서 최고의 개념, 그리고 개인이 이상으로 생각하는 견해를 말한다.

이념이란 이러한 어의를 품고 있으므로 사회나 개인이 가장 좋다고 여기는 문제를 정치 이념화하고, 그것에 대한 찬반 논의가 격론 화 되면 양쪽은 자연이 갈등하지 않을 수 없게 된다. 이것을 곧바로 결론하면, 소위 좌우 갈등이고, 좌우 이념대립으로 이해할 수 있다.

'좌우'라는 의미심장한 용어의 발단에 대하여 알아보는 것도 흥미 있다.

즉, 좌우 용어의 최초 발단은 프랑스에서였다. 마르크스주의 사상이 회오리처럼 일어날 때, 그것에 반대하는 세력과의 격렬한 논쟁이 벌어졌는데 우연이었을까. 마르크스주의 신봉자들은 주석단의 왼쪽에 자리했고, 반대 세력은 우측에 자리한 데서 공산주의는 좌파, 보수주의는 우파라고 지칭하기 시작했다는 이야기이다.

믿거나 말거나이지만, "이념은 이데아, 즉 이데올로기다"라는 용어가 답으로 등장한 지는 꽤 긴 세월이 흘렀다.

낡은 사회체제를 혁명으로 뒤엎어야 정의 사회를 구현할 수 있다는 사상은 주로 좌익 이데올로기로 낙인하게 되었다.

사회체제가 낡아서 그것을 개혁해야 한다는 우익 이데올로기는 유혈혁명을 절대 금기시한다. 점진적인 개혁을 통해 발전을 이루어 가면 정의 사회도 당연히 이룩된다는 주장이다.

좌익은 이같은 우익의 주장에 대해 반동사상이라며 사회발전을 가로막는 이데올로기며 엄중히 척결해야 함을 강조한다.

우익의 반격은 매우 엄중하여 좌익은 붉은색, 붉은 깃발을 흔들며 유혈혁명을 다반사로 여기는 무리, 세칭 빨갱이라고 몰아 붙였다.

예로, 미국에서는 빨갱이를 척결하는 소위 매카시즘이 선풍을 일으키기도 하였다.

빨갱이와 반동분자는 서로 쳐 죽이는 유혈 살상이 벌어졌고, 철천지원수가 되고 말았다.

특히, 6.25 골육상쟁을 치르면서 막아볼 사이도 없이 걷잡을 수 없는 기세로 동족 간에 이데올로기 갈등으로 인한 피맺히는 한을 품게 되었고, 원수지간이 되고 말았다.

이러한 현상을 일컬어 이데올로기 전쟁이라고 한다.

6.25 상잔 후 정전이 이루어졌을 때 우익 사람들은 빨갱이를

쳐 죽여야 한다고 흥분하였고, 좌익 사람들은 반동분자를 다 때려잡지 못한 것이 한이라고 하였다.

이데올로기 전쟁, 이것처럼 무서운 전쟁이 또 있을까? 완전 무자비하다.

사상전쟁은 친구, 친척도 반동분자, 빨갱이로 낙인되면 사생결단했으니, 배달의 불행이 아닐 수 없다.

이데올로기 전쟁, 이념. 그 이데올로기가 얼마나 완벽하고 정의로운 사상이기에 목숨까지 초개같이 버리며 싸우는 것일까.

어느 철학자는 "세상에 아직 완벽한 이데올로기는 없다"라고 갈파하였다.

러시아의 10월 혁명을 완수한 레닌은 "러시아는 이제 곧 정의로운 국가가 될 것"이라고 장담하였다.

그러나 사회주의의 열렬한 여류 혁명가였던 로자 룩셈부르크는 레닌의 혁명 수법을 맹렬히 비난하였다.

즉, 강제 정치, 무자비한 몰수, 반대자의 시베리아 유형 등을 지적하면서 사회주의 혁명정신에서 거리가 멀다고 질타하였다.

로자의 주장은 공산주의에도 따뜻한 인간성이 중요함을 의미하는 것이었다.

그럼에도 좌우충돌은 사생결단이 계속되었고, 특히 인접국인 일본에 거주하는 배달 동포까지도 거류민단은 우, 총련은 좌로 갈라져서 갈등하고 있으니, 참으로 가슴 아프고 부끄러운 상황이 아닐 수 없다.

여기서 좌우 이데올로기를 가장 적합하게 비판한 처칠의 말을 들어보자.

"자본주의의 타고난 악은 축복을 불평등하게 분배하는 것이고, 공산주의의 타고난 선은 빈곤을 평등하게 분배하는 것이다." 즉, 두 제도가 다 완벽하지 못하다는 비판이다.

8,000만 민족이여! 통일을 이루자

'코리안 디아스포라'인 배달도 전 세계 이민, 입양으로 흩어진 인구가 무려 700만 명이다. 남한과 북한을 합치면 약 8,000만 명이나 되니 작은 민족이 아님이 확실하다.

8,000만 겨레가 한마음으로 뭉치면 무슨 일인들 못 하겠는가.

우선, 온 겨레가 크게 각성하며 해내야 할 제1의(第一義)는 첫째, 남북이 일제히 순치지국(脣齒之國)의 멍에를 벗어던지고, 둘째, 블록 간의 혈투를 중지시켜 세계평화를 달성함과 동시에, 배달의 평화 통일을 완성하는 것이다.

배달이 처한 오늘의 현 단계에서는 망설임도, 주저함도 없이 겨레의 운명을 솔직하고, 대담하게 해명해 나가야 한다.

해명해야 할 첫 번째 문제는 남북이 모두 순치지국의 형세에 갇혀있음을 가감 없이 똑바로, 아주 똑바로 해명해 나가야 하는 것이다.

배달의 땅은 지정학적으로 불행이 예고 되었던 땅이다.

해양 세력과 대륙 세력이 부딪히는 것도 이데올로기의 격돌 못지않다.

먼저, 북 정권은 동방 블록의 입술 노릇이고, 다음 남 정권은 서방 블록의 입술 노릇을 하고 있음이 솔직한 고백이다.

여기에도 이데올로기의 쟁패가 근원이 되고 있다. 즉, 동방 블록은 좌익이고, 서방 블록은 우익 이데올로기이기 때문이다.

따라서 배달의 북방은 삼대 세습의 이상한 좌익이면서 동방 블록의 순(脣), 즉 입술 노릇을 하고 있음이 사실이다.

동방 블록은 적당히 이상스러운 좌익을 비호하면서, 자기 이빨이 시리지 않도록 비책(?)을 꾸려가고 있다.

더 구체적으로 확인한다면, 서방 블록이 위협하는 여러 곳 중에 이상스러운 좌익이 소위 핵(核)을 가지고 감당해 주는 비중이 막중하므로, 적당히 식량원조도 하며 비호하고 있는 것이다.

이와 같은 비책을 꾸려가고 있음은 서방 블록도 크게 다르지 않음을 깨달을 필요가 있지 않을까 싶다.

그리하여 배달나라 이 반도는 순치지세(脣齒之勢), 지정학적 불리 등으로 동서 블록의 패권 다툼의 한가운데, 즉 최전선이 되는 것이다.

이따위 상황, 배달을 둘러싼 형세는 이유를 막론하고 남북 배달 전체의 아주 큰 수치다. 따라서 시급히 순치지국의 올가미를 끊어 던져야 할 것이다. 그래야만 배달의 대운이 활짝 열리지 않겠는가.

과대망상, 몽상가의 넋두리가 아니다.

KOREA 이데올로기는 恐怖다

한반도에는 지금 무엇이 오고 있는가?

그리고 세계 제2차대전 후의 한반도에는 무엇이 있었는가?

또한 7,000만 겨레의 미래는 어떻게 전개될 것인가?

우리가 지금 조국 한반도와 이 땅에서 살아가는 7,000만 겨레의 과거, 현재, 미래의 역사를 확인하는 것은, 민족 구성원으로서 당연한 사명에 기인하는 민족사적 사안이기 때문이다.

우리의 사고를 이렇게 집약시키고자 하는 가장 큰 근본 이유는, 두말할 필요조차 없이 한반도가 이 지구상에 단 하나뿐인 분단국가이며 분단 민족이라는 사실에 있다.

민족의 분단 상황은 가슴이 찢어지는 아픔이며, 세계를 향해서는 너무나 부끄러운 민족적 수치다.

무엇이 수치스러운가?

고통스럽고 비극적인 분단 상황을 민족의 자주역량으로 극복하지 못하고, 반세기가 훨씬 넘는 긴 세월을 헛된 싸움질로 낭비하고 있는 것이 수치다.

남과 북의 정부는 선심 쓰듯 이산가족 면회를 띄엄띄엄하고 있다. 100명, 또는 200명이 서울에서, 평양에서, 금강산에서 만났다.
이산 50년의 혈육 만남은 너무나도 감격스러워 부둥켜안고 몸부림치며 통곡했다.
그토록 그리운 부모 형제가 왜 헤어져 반세기를 살아야 했는가? 그들이 서로 미워서 그랬던가, 아니면 이산이 좋아서 그랬던가?
아니다. 분단 상황 때문이다.
더 근본적 원인은 자본주의와 공산주의 이데올로기의 사생결단하는 싸움질 때문이다.
이데올로기 전쟁, 그 무서운 먹구름이 아직도 한반도를 뒤덮고 있다.
2~3일 면회를 마친 가족들은 다시 기약 없는 이별로 애통한 눈물을 쏟아야 한다.
50년 만에 겨우 만난 가족, 부모 형제인데 무엇이 그들의 한 많은 이 별을 강요하는가?

그 정체는 이데올로기이다.

북의 좌익 이데올로기와 남의 우익 이데올로기가 가족의 합치를 가로막고, 각기 지역 정부의 담당 지역으로 끌고 가는 것이다.

민족의 불행은 남과 북을 다스리는 이데올로기의 꼭두각시들이 죽기 살기로 벌이는 싸움질 때문이다. 이데올로기의 노예로 전락하면 그것의 명령에 복종하는 꼭두각시가 되고 마는 것이다.

좌·우 이데올로기가 충돌하는 현장에는 이미 이데올로기 그 본래의 사명 따위는 망실된다. 오로지 파괴와 살상의 공포로 화하는 것이다. 충돌의 현장은 이웃도 동포도 안중에서 사라지고 적과 적의 사생결단만이 벌어질 뿐이다.

우익 이데올로기는 좌익 이데올로기를 '빨갱이'라고 때려잡고 쳐 죽였다. 좌익 이데올로기도 마찬가지다. 우익 이데올로기를 '반동분자'로 학살하고 인민 재판으로 돌멩이 처형을 자행했다.

이렇듯 북과 남, 좌와 우의 이데올로기는 서로 딱지 붙이기에 혈안이 되었다. 이른바 네임 콜링 (name calling·모욕적 별명 짓기)인 것이다.

북과 남, 좌익과 우익 이데올로기는 싸우고 죽이면서 원수가 되고 말았다.

진보와 보수파, 좌익과 우익은 모두 자기들이 신봉하는 이데올로기의 괴뢰화 했음을 부인할 수 없다. 따라서 소위 남과 북의 정부 수립은 초기에 있었던 괴뢰 주장이 타당한 것이었음을 부인할 수 없다.

즉, 북의 김일성 정권은 공산주의 이데올로기의 맹주였던 소련의 비호와 지원을, 남의 이승만 정권은 자본주의 세계의 대표 격인 미국의 비호와 지원을 받은 것이 사실이다.

그 같은 상황적 질곡은 물론 종전과 동시에 시작된 미소의 대결 구도적 정세 속에서 불가피한 선택이었다. 그러나 설사 그렇다 하더라도, 민족역량을 결집하여 자주적으로 대처하지 못한 역사적 후회와 미련을 떨쳐버리기는 어렵다.

북의 정권은 남의 정권을 괴뢰정부라고 질타하였고, 남의 정권 역시 질세라 북의 정권을 붉은 괴뢰 집단이라고 삿대질하였다.

똥 묻은 개가 서로 짖어대는 것과 같은 꼬락서니다. 그것이 바로 민족의 비극이며 수치임을 깨달아야 한다.

민중의 생사여탈권을 장악한 이데올로기

반세기가 훨씬 넘는 긴 세월 동안, 마치 민족의 운명을 좌지우지할 특권이라도 부여받은 양, 한반도에 거주하는 백의동포를 공포에 떨게 한 좌·우 이데올로기의 실체는 과연 무엇인가?

우익 이데올로기 관할 영토에서는 빨갱이는 인간이 아니었다. 심지어 그 가족까지도 소위 연좌제에 묶여 고통을 당하기 일쑤였다.

좌익 이데올로기 관할 영토의 사정도 다를 바 없었다. 반동가족은 솎아내어 오지나, 감시가 수월한 곳으로 강제 이주하였다. 그 정도 처벌은 죽임을 당하는 것보다는 훨씬 다행(?)이라고 할 수 있었다.

고문당하던 빨갱이가 죽어도, 역시 고문당하던 반동분자가 죽어도 그것은 별문제도 아니었다. 결국 좌·우 이데올로기의 맹신자, 그 노예들은 마치 민중의 생사여탈권을 장악한 것처럼 위세가 당당하였다.

민중은 무서웠다. 공포의 엄습을 견디기 힘들었다. 붉은 완장이나 사복경찰의 출현은 언제나 죄 없는 선량한 시민들마저 가슴을 뛰게 했다. 혹시 내가 반동, 내가 빨갱이로 몰리는 건 아닐까 해서였다.

이처럼 혹독한 이데올로기 전쟁을 왜 우리는 슬기롭게 피해 나가지 못했을까?

우리에게는 위대한 민족지도자가 없어서였을까?

그렇지 않다.

김구 선생은 1946년 7월 4일 성명에서 "나의 흉중에는 좌니

우니 하는 것은 개념조차 없다. 그런 것은 민족 자멸의 근원이 될지니 생각할수록 오중이 찢어질 듯하다. 마음속의 38선이 무너지고야 땅 위의 38선도 철폐될 수 있다"라고 갈파하였다.

선생은 이미 해방 1년도 안 된 시점에서 좌우의 대결 양상을 민족 자멸의 근원이라고 개탄하였다.

위대한 민족지도자의 선견지명과 절규를 명심하지 못했던 것이 얼마나 후회스러운 민족적, 역사적 미련이었나를 깊이 반성하지 않으면 안 된다.

민족 학살에 대한 철저한 반성 필요

진정한 반성은 '올바름의 시작'이다.

그것은 개인이건 단체건 민족이건 같은 맥락이다.

반성은 무엇을 위해 필요한 것인가?

20세기에 겪었던 민족적 수난을 정리하고 21세기에는 영광스러운 민족의 대도를 당당히 걸어가기 위해서이다.

20세기의 배달겨레는 일제 36년의 식민지 시대와 분단, 6.25 동족상잔, 그리고 냉전의 버거운 유산을 떠안고 몸부림쳤다.

반성은 형식적인 겉치레여서는 효과가 없다. 반성은 양심에서부터 솔직하고 철저하게 실행되어야 한다.

이데올로기적 아포리즘(aphorism)의 포로가 되어 광분했던 사실, 반대 이데올로기의 맹신자를 빨갱이, 혹은 반동으로 고문하고 쳐 죽인 인면수심까지도 고백하여야 한다. 아울러 왜 그래야만 했었는가도 마음속 깊이 뉘우치는 자세가 요구된다.

반성은 용단이다.

용기 없이 진정한 반성은 불가능하다. 어째서 그처럼 철저한 민족적 반성이 요구되는 것인가?

두말할 필요 없이 그것은 민족의 불행한 역사를 새롭고 희망 찬 역사로 창조하자는 것에 목적이 있는 것이다.

유럽이나 선진 여러 나라들도 좌익과 우익 이데올로기는 남아 있다.

그것은 앞으로도 끊임없이 존재할 인간의 정신 영역이다.

하지만 그들은 한반도의 좌우 이데올로기처럼 서로 쳐 죽이는 싸움을 벌이지는 않았다. 논쟁은 섬뜩할 정도이지만 피 흘리며 싸우는 일은 없었다.

미국에서도 한때 매카시즘의 선풍이 일어 좌우 대결이 심각했고 '레드컴플렉스'가 있었지만, 곧 진정되었다.

한반도의 좌우 이데올로기도 이론과 논쟁을 통해서 민족사의 발전을 이끄는 것에 주안점(主眼點)을 두었더라면 치욕스러운 민족사적 불행은 겪지 않았을 것이다.

불행의 큰 원인 중의 하나는 당시 한반도의 사회 상황과 열강에 둘러싸인 지정학적 여건을 거론할 수 있다. 이에 따라 한반도에서의 좌우 이데올로기는 이론이나 논쟁의 충분한 기회도 없이 곧바로 대결과 유혈 투쟁의 장으로 몰릴 수밖에 없었던 게 사실이었다.

 그 같은 상황 속에서 ML주의 이데올로기의 열성 당원이었던 김일성 정권은 자기 신봉의 이데올로기적 이론을 맹신한 나머지 우익세력을 무자비하게 때려잡았던 것을 부인할 수 없을 것이다.

 결과는 우익의 원한과 복수심만 불타게 하였고, 좌우 이데올로기의 전쟁을 나날이 가열차게 전개되게 하는 빌미가 되었다. 왜 그랬을까?

 무지 때문이었다. 김구 선생처럼 민족의 미래를 꿰뚫어 보는 선견지명이 없었다. 검증 안 된 이데올로기를 맹신하고 광분하지 않을 예지(叡智)가 있었다면, 이데올로기를 민족 학살의 무기로 휘두르는 무모함은 저지르지 않았을 것이다.

 이승만 정권도 양민 학살에 의한 정권 안보를 부인할 수 없을 것이다. 제주의 4·3사건, 거창양민학살사건 등이 그 실례로서 역사적 심판이 진행 중이다.

 인간의 역사는 인간의 무지에 의해 스스로 피를 흘렸고, 역사는 그 피를 먹으며 진행되었다.

한반도의 비극적 상황도 그러한 세계사적 맥락에 연관된 운명이었다고 자탄하고 자위할 수밖에 없다.

그렇지만 미래의 민족사는 확연한 변화를 슬기롭게 수용해야 할 것이다. 그 수용의 첫 단계가 다름 아닌 이해와 용서와 구원(舊怨)을 씻는 작업이어야 할 것이다.

"마음속의 38선이 무너지고야 땅 위의 38선도 철폐될 수 있다"라는 백범의 절규는 민족 통일의 지상과제를 안고 있는 오늘의 한반도 민중이 그 시사하는 정신을 가슴에 새겨야 할 것이다.

6.25 전쟁 희생자 520만명

한반도의 통일, 민족의 통일은 지상 과업이면서 지대하고 지난한 과업이다.

그러나 통일은 반드시 성취해야 할 '목적의 땅'이기 때문에 고심과 깊은 고뇌가 따를 수밖에 없는 것이다.

우선 남과 북, 좌익과 우익은 각기 은닉해 두고 있는 비수(匕首)를 버리고 순수한 민족정신으로 돌아와야 한다. 물론 순수한 민족정신이란 자기 이데올로기를 우선하는 것이 아니라, 민족 구성원 전체의 안위를 우선하는 정신을 의미하는 것이다.

우리는 이제 대결과 유혈의 미욱한 정신을 지양하고 '화해의 철학'에 눈을 떠야 할 단계에 도달하고 있음을 깨달아야 한다.

북은 남측에 사과하고 남은 북측에 사과하는 정신, 좌익은 우익에 사과하고 우익은 좌익에 사과하는 정신이 싹트고 자라야만 민족의 미래에 서광이 비치게 되는 것이다.

남북이 먼저 사과할 문제 중에는 6·25전쟁의 책임이 있다. 남침이냐, 북침이냐가 명백하게 확인되지 않으면 안 된다. 그 전쟁으로 인한 인명 희생만도 무려 520만 명에 이르는 예민한 사안이기 때문이다.

본 논의에서는 남침이냐, 북침이냐의 진부한 논쟁을 재연하자는 것이 아니다. 솔직한 사과의 중요성을 강조하려는 것뿐이다.

북이 먼저 전쟁을 일으켰다면 '그랬었노라'라고 솔직하게 사과하는 것이 역사와 민족 앞에 얼마나 떳떳하고 다행스러운 일이 되겠는가. 남측도 똑같은 마음가짐이 당연히 요구되는 것이다.

남측은 전쟁 때 인민군 포로를 얼마나 쏴 죽였는가를 고백하고, 북측도 국방군과 우익을 어디서 몇 명이나 처형했는지 고백한다면, 이는 매우 가치 있는 일로서 이것이 다름 아닌 민족 화해의 서광이 될 것이다.

솔직한 사과와 대화가 신뢰로 이어지는 것임에도 논리적으로 쌍방의 신뢰만 강조됐을 뿐, 더 근본적인 문제에 접근하지 못했던 것이 통일 논의의 적나라한 실상이었다. 좌와 우, 남과 북은 똑같이 이데올로기 전쟁을 통해 무차별적으로 희생을 강요당했던 민족 앞에 고해성사하지 않으면 안 된다. 고해성사는 종교상의 의식으로만 통하는 것이 아니다.

다음 순서는 이데올로기의 주구가 되어 광분하면서 동족 살상에 동원되었던, 그리하여 파렴치하게도 그 공로에 대해 훈장과 이득을 취득했던 자들이 스스로 '자아비판'에 임하는 절차가 있어야 한다.

'자아비판'은 공산주의 이데올로기가 자기 잘못을 극복하기 위한 수단이며 방법이었으나, 통일성취의 마당에서는 충분히 원용할 가치가 인정되는 것이다.

상대를 믿고 신뢰가 이루어지면 다음 단계의 화해는 어려운 문제가 아니게 된다. 서로 흉중을 열고 신뢰하기까지의 과정이 어려울 뿐이다.

남북 화해를 위한 솔직한 고백과 사과

우리 민족은 반만년의 역사와 1,500년의 통일역사, 언어와 문화와 전통을 공유한 민족이므로, 이데올로기 장벽에 의한 반세기의 이질성만 해소해 나간다면 그야말로 막걸리 한 사발씩 나누며 후회와 감격의 포옹이 어렵지 않다.

이것은 낙관이 지나친 것이 결코 아니다. 어려운 문제일수록 복잡성을 배제하고 단순하고 쉬운 방법을 찾는 것이 현명한 방법이다.

과거를 들추고, 책임 공방을 벌이고, 그러면서 자기 이데올로기가 확보하고 있는 영토와 민중을 지킨다는 명목으로 혈세를 이용, 자꾸만 칼을 벼르게 되어서는 안 될 것이다.

진정한 화해를 가능케 하는 것은 오직 신뢰뿐이다. 신뢰를 가능케 하는 것은 고해성사, 즉 솔직한 고백과 사과가 앞서야 한다.

기만적 화해 제스처(gesture)는 통할 수도 없거니와 가증스러운 반민족행위로 지탄받을 수밖에 없다.

고백에는 대통령도, 수령 동지도, 장군도, 장관도, 전민중도 똑같이 참여해야 한다. 그리고 알량한 체면 따위도 서슴없이 버릴 수 있는 용기가 발휘되어야 한다.

민족의 생존 앞에 알량한 체면 따위가 무슨 소용이란 말인가?

대통령은 반공을 강화하여 북의 정권으로 하여금 무력 통일의 빌미를 제공한 사실을 사과해야 한다.

수령은 보안법 폐지와 통일전선 전략을 강화하여 남측 정권이 값비싼 펜텀 전투기와 구축함을 사들이게 한 사실 등을 사과해야 할 것이다.

대통령의 말 한마디가 친공도 되고 반공도 된다면, 수령의 명령 일하에 인민군이 남반부 동포의 가슴에 총을 쏘아댄다면, 수령이 일본의 소위 천황폐하 같은 전제성을 휘두른다면, 그 역사가 과연 정도(正道)라고 할 수 있겠는가.

평화적, 자주적 통일은 지상 과업

한반도의 백의민족은 이제 이산가족이 만나서 눈물이나 흘려야 하는 가여운 민족이어서는 안 된다. 언제까지나 눈물만 흘리고 탄식하는 민족으로 머물 것인가.

우리 겨레가 평화적이고 자주적으로 통일만 성취한다면 과연 무엇이 두렵겠는가.

깨달아야 한다. 더 철저한 민족의 각성이 요구된다.

통일은 환상이 아니다. 민족의 자주역량으로 실현할 가능성이 싹트고 있음을 확인하여야 한다.

역사의 행운이 다가오는 것도 앉아서 기다려서는 성취가 더디게 된다. 단결된 민족의 역량으로 역사적 행운을 받기 위해 달려가는 용기와 기회 포착의 지혜가 요구된다.

앞에서 논한 바대로 소위 지도층도, 하층민도, 노동당원도,

장군님도 하나같이 민족의 진운을 직시하고 민족정신으로 돌아와야 한다.

낡은 유물은 고백하고 털어서 멀리 태평양 바다 심해에 묻어버리고, 새로운 정신으로 민족사를 희망의 역사로 새롭게 써나가야 한다.

그것이 민족의 대의이며 민족이 나아갈 바, 대도(大道)임이 분명한 것이다.

좌익과 우익 여러분!

이데올로기의 허수아비가 되어 긴 세월 고생했습니다.

유혈참극에 전위가 되지 말고, 수치를 깨닫고, 민족 구성원들의 희생을 진심으로 추모해야 합니다.

소심한 좁쌀뱅이 정신을 훌훌 털어버리고 민족의 큰 정신을 되찾읍시다.

북측 대표의 연설은 어김없이 '북남' 또는 '북과 남'이라고 시작한다. 남측 대표의 발언도 모두 같다. '남과 북'이라고 한다.

생각해 보자. 얼마나 소심하고 좁쌀스러운가?

앞으로 남측 대표는 '북남'이라고 시작하고, 북측 대표는 '남북'이라고 상대를 존중하는 마음을 표시하는 것이 진일보한 정신임을 깨달아야 할 것이다.

그러한 문제들이 비록 작은 것 같지만, 큰 신뢰를 쌓는 작업에는 큰 구실을 한다는 점을 명심해야 한다.

체면도 다 버리고 고백해야 하는 것은 무엇 때문인가?

민족 통일의 성취와 영광된 민족사를 회복하는 길이기 때문이다. 변방의 약소민족이 아닌, 인류 역사의 중심에 당당하게 진출하는 민족의 일대 도약을 가능케 하는 길이기 때문이다.

이데올로기여! 무력과 폭력을 버리자

가슴에 새겨야 할 사항이 있다. "민족은 영원하되 이데올로기는 영원할 수 없다"라는 엄연한 사실이다.

그것이 바로 이데올로기의 칼을 던져버리고 화해의 철학을 정립해 나가야 하는 근본 이유가 되는 것이다.

이데올로기여!
이제 무력과 폭력은 버리자.
총구는 비극만 초래할 뿐이니까….

나폴레옹은 "지식인이란 이데올로그다"라는 말을 남겼다. 이론만으로 떠벌리는 것을 비꼬아서 한 말이다. 그러나 현대 이데올로기는 이론만이 아니라, 그 기본 사상을 현실에서 실천하려고 함으로써 문제가 생기게 되었다.

공산주의 이데올로기는 평등의 이데올로기로 정의할 수 있다. 계급사회에서의 불평등, 자본주의 사회에서의 부르주아와 프롤레타리아 사이의 불평등은 오랜 역사의 기간에 걸쳐 해결의 실마리를 찾지 못하고 있었다.

자본주의가 전제화하고 생산수단에 의한 착취가 본격화함으로써 노동력에 의존할 수밖에 없었던 피지배계급의 정신이 각성하고 평등의 사상이 싹트게 되었다.

따라서 평등의 사상인 공산주의 이데올로기가 싹트게 된 터전은 부패하고 착취가 일상화하였던 낡은 자본주의에 있었다는 사실을 확인할 수 있다.

그것을 역사 발전의 법칙이라고 규정할 수 있을지는 의문이겠으나, 여하튼 사람들이 서로 (착취 없이) 잘살 수 있는 사회를 향한 다수 민중의 열망이 싹틀 수밖에 없었다.

그럴 즈음, 아주 시의(時宜)에 딱 맞는 마르크스의 공산주의 이론이 발표됨으로써 지식인 사회와 무산대중이 다 함께 복음으로 받아들이게 되었다. 계급이 없고 착취가 없는 세상, 일한 만큼 분배받는 무산자의 천국은 가히 유토피아의 도래를 제시한 이론이었고, 피압박 대중은 신세계의 부푼 꿈에 열광케 되었다.

그 이론이 바로 다름 아닌 공산주의 이론이며 좌익 이데올로기이다.

좌익과 정반대의 개념, 즉 우익 이데올로기는 어디서 탄생한 것일까?

우익 이데올로기가 이론화하여 탄생한 시점을 확인하기는 쉬운 일이 아니다. 다만 우익 이데올로기는 인간의 자유와 창의성을 존중해야 한다는 자본주의의 자유 존중 정신에서 비롯되었다고 추론할 수 있다.

자본주의는 520여 년의 역사가 있다. 그것은 좀 더 좋은 세상을 향한 인간의 욕구와 이기심에 바탕을 두고 다소유(多所有)의 욕구를 충족하는 일에 봉사한 사상이었다고 할 수 있다.

따라서 자본주의, 즉 우익 이데올로기는 인간의 자유경쟁 정신을 요약한 자유의 이데올로기로 정의함이 타당하다.

여기서 우리는 평등 지향의 공산주의 이데올로기는 좌익이고, 자유 지향의 자본주의의 이데올로기는 우익 사상이라는 사실을 쉽게 이해할 수 있다. 평등사회 구현을 이상으로 하는 좌익 이데올로기와 자유 사회를 지키려는 우익 이데올로기는 과연 어느 쪽이 더 나은 사상이고 어느 쪽이 그렇지 않은 사상인가.

자유와 평등! 어느 것이 과연 인간을 행복하게 할 수 있는 이데올로기일까?

좌·우 이데올로기 투쟁의 딜레마는 바로 여기에 있음을 간과해서는 안 된다.

인간이 과연 자유만으로 살 수 있을까?

인간이 과연 평등만으로 살 수 있을까?

자유는 있으되 빵이 궁색하고, 평등하되 이데올로기적 전제와 억압에 묶인다면, 인간은 견디기 어렵게 되고 만다.

인간은 자유와 평등을 동시적으로 요구하는 존재임을 인식하지 않으면 안 된다. 그것은 요구이면서 동시에 운명성이기도 한 것이다.

그러므로 자유만을 추구하는 우익 이데올로기와 평등만을 추구하는 좌익 이데올로기는 똑같이 '기형적인 이데올로기', 즉 불안하고 완벽성을 갖추지 못한 이데올로기라는 사실을 인식할 필요가 있다.

20세기의 세계 정세 대부분이 완벽하지 못한 이데올로기의 대결로 인해 희생하고 불행을 겪은 것이 감출 수 없는 사실이다. 그 불행했던 정세의 질곡에 한반도와 배달겨레가 대표적인 희생양이 되었다는 사실도 잊어서는 안 된다.

왜 하필 우리 민족이었던가?

외세의 문제와 민족 내부의 정세 불감증에 의한 민족적 불행을 통틀어 민족적 운명, 기박한 운명이었다고 할 수 있다.

역사는 인간의 '유토피아 정신'에 의해서 끊임없이 발전해 왔으며 앞으로도 그럴 것임은 의심의 여지가 없다.

유토피아가 상상의 세계일지라도 인간은 의식적이건 무의식적이건 더 좋은 세상을 만들기 위해 끊임없이 노력하는 존재이다. 유토피아는 그리스어로서 없다를 뜻하는 '우'(ou)와 장소를 뜻하는 '토포스'(topos)가 합쳐진 단어로 어디에도 없는 곳을 말한다.

말의 뜻이 수 천 년 전에 그러했다고 하더라도, 희망으로서의 유토피아는 인간 정신에서 소멸할 수 없는 불사조임을 확인할 필요가 있다.

100년 전에 우주에 인간이 갈 수 있다고 믿었던가? 이상일 뿐이었다. 그러나 현대과학은 그것을 가능하게 하고 있다. 인간의 정신세계도 마이크로(micro)에서 마크로(macro)를 향해 높아지고 넓어지고 있다. 동시에 자아 중심의 작은 인식에서 이타적 정신의 큰 인식으로 바뀌고 있음이 확연한 사실이다.

소승의 정신이 대승의 정신으로 나가고 있다. 그러므로 유토피아가 수 천 년 전에 어디에도 없는 땅이었다면, 현대는 그것을 다른 행성이 아닌 바로 우리의 지구상에 건설할 가능성이 있음을 확인할 수 있다.

세계적 역사적 추세가 이러하관데 편협하고 불안전(不安全)한 이데올로기, 특히 한반도의 유혈비극을 자초한 좌·우 이데올로기는 이제 인간적 선성(善性)으로 회귀하고 민족적 여망을 직시하면서 대결의 칼을 내던져야 한다.

좌우 이데올로기 대립은 민족의 분열과 상처

물론 이데올로기는 '인간 정신의 꽃'임에 틀림없다.

이데올로기란 현 상태, 또는 미래의 사회를 위해 바람직한 정치 질서를 해명해 주고 정당화하는 신념 체계이며, 인간의 본성, 삶의 목적, 그 존재 양식을 충족시키는 여러 조건에 관한 규범이기 때문이다.

이데올로기는 이처럼 인간 정신의 고차원적 견해에 의해 규범 되고 탄생한 것임에 이의를 제기할 수 없다.

문제의 핵심은 그것이 좌·우 이데올로기로 양분되어 자기 사상만이 절대로 정의롭다는 편협한 신념의 포로가 되었다는 점에 있다. 반대 사상은 철저하게 적대시하고 파괴하려는 것에 비극의 원인이 있는 것이다.

두 사상의 대립 양상은 마르크스의 계급투쟁과 혁명 논리에 근원이 있다.

레닌의 10월 혁명에 의한 제정러시아의 몰락은 세계 자본주의 진영을 긴장시키기에 충분한 사건이 되었다.

제2차 세계대전은 제국주의 간의 전쟁이었으나 소련이 대독일 전쟁에 참여함으로써 전쟁 기간에는 이데올로기적 긴장이 완화되었던 게 사실이었다. 그러나 대전의 종식과 함께 전개된 공산 진영과 자유 진영 간의 첨예한 대립은 양 진영의 군대가 똑같이 남북에 주둔한 한반도에서는 심각한 노정 양상으로 전개되었다.

한반도를 점령한 두 이데올로기는 각기 독립 조국 건설의 명분을 앞세웠으나, 실제로는 동족상잔을 준비하며 칼을 갈기 시작하였다.
공산주의에서 자본주의는 전복시켜야 할 적이었고, 자본주의는 자기 생존을 위하여 결사적으로 반공 전선을 전개하지 않을 수 없게 됐다.
6.25전쟁은 그러다 발발한 전쟁이었다. 전쟁은 단순히 인적 물적 손실만이 아닌, 민족 분열의 치유하기 힘든 상처를 만들었고, 그 상처는 아직도 아물지 못하고 있다.
이것이 한반도와 우리 겨레의 현주소임을 가슴 깊이 명심하지 않으면 안 된다.

전쟁통에 얼떨결에 헤어져 이산가족이 됐지만, 오늘날까지 휴전선에는 남북의 청년들이 중무장하고 대치하는 불행한 상황에 놓여있다. 군사력은 남북 병력을 합쳐 미국보다 많고, 아프리카 전체 대륙에 존재하는 나라들의 병력보다도 월등히 많다.
남북이 GNP에서 군사비로 내던지는 돈은 또 얼마나 많은가. 그 돈을 50여 년 대결의 세월로 계산한다면 천문학적 액수에 이를 것이다.

허탈한 이상론이 되겠지만 그 돈이면 남북에 거주하는 우리 민족 구성원 세대별로 고급 저택 하나씩 지어주었어도 남지 않았을까 싶다.

아깝다. 민족의 역량이 민족의 복지증진에 쓰이지 않고 동포의 가슴을 노리는 군사비에 물 쓰듯 쓰이고 있으니 정녕 아깝다. 이것은 결코 필자만의 한탄이 아님은 너무나 확실한 사실이다.

평행선을 질주하는 극심한 양극적 대결

민족의 이러한 불행의 조종자는 과연 무엇인가?

불행의 조종자, 그 실체를 확인하고 그 허상을 지워버리지 못한다면, 통일은 소원의 노래만을 되풀이할 뿐, 민족사의 현장에서 영원히 실현 불가능한 한스러운 꿈이 되고 말 것이다.

불행의 조종자는 이미 암시된 바와 같이 '좌익과 우익 이데올로기'이다.

좌익과 우익은 정녕 평행선을 질주하며, 영원히 칼부림해야 할 대상이며, 비극적 운명에 갇힐 수밖에 없는가?

이데올로기가 앞에서 정의한 대로 '미래의 사회를 위해 바람직한 정치 질서'를 해명해 주고, '인간의 본성, 삶의 목적 등을 충족시키는 조건들에 관한 규범'이라면 한반도 이데올로기는 확실히 그 정상궤도에서 이탈하고 있음을 부인할 수 없다.

 우선 싸우고 피 흘리면서 바람직한 정치 질서를 논하는 것은 애당초부터 거짓이 되고 만다. 북과 남의 정부는, 각기 상대를 제1의 적으로 지목했다. 적의 침공을 방어한다는 명분에 따라 내부통제의 강화는 불가피하게 됐고, 따라서 민중의 불안, 고통은 상시적이 되어 왔다.
 이것은 제아무리 좋은 이데올로기라고 할지라도, 멱살잡이로 사생결단하는 상황에서는 자기 정권의 안보가 최우선적인 과제가 될 수밖에 없으며, 따라서 민중의 희생만이 강요되게 되는 것이다.

 특히 국민의 정부 출범 이후 진행된 대북정책은 다방면에 걸친 교류가 증대하면서 그 역효과로 남남갈등이 심화하고 있음에 우려를 금할 수 없다.
 그 실례로서 6.15 선언 6개월 특집을 게재한 모(某) 일간지의 진보, 중도, 보수진영의 대북한관, 대남한관을 발췌, 요약한 내용에서 다음과 같은 사항을 확인할 수 있다.
 대북한관에서 북한 정권에 대해 진보 진영은 "소련의 지원을 받았으나 괴뢰는 아니었다.", 중도 진영은 "소련의 지원으로 집권했다.", 보수 진영은 "스탈린의 괴뢰"라는 입장을 보이고 있다.

체제에 대한 견해에서는 진보의 경우 "항일운동가들의 정통성 체제", 중도는 "전체주의 독재체제", 보수는 "유사 종교집단"이라는 엄청난 견해 차이를 나타내고 있다.

다음은 대남한관, 즉 국민의 정부 이전의 정권에 대하여 진보는 "친일파 중심의 반통일적 국가", 중도는, "산업화 민주화에서 북한보다 우위", 보수는 "공산주의와 맞서 자유를 지키려고 건국"이라고 조사되었다.

다음은 6·25전쟁에 대한 견해이다.

진보는 "민족해방전선, 미국개입 잘못", 중도는 "내전 성격이나 남침, 미국개입 필요성 인정", 보수는 "남침, 미국개입 당연"이라고 주장하고 있다.

이 자료에서 중도의 견해는 제쳐놓고라도 좌·우의 견해 차이, 현실적인 상황인식의 차이가 극과 극에 있음을 확인할 수 있다.

물론 그 같은 견해 차이가 어제오늘의 작태는 아니어서 새로운 사실의 발견이라고 할 수는 없다. 그러나 민족의 장래를 걱정하는 다수 민중에게는 가슴 답답한 일이 아닐 수 없는 문제이다.

신문특집의 요약 내용에서 짚고 넘어가야 할 사항은 진보, 즉 좌익의 견해는 북의 정권이 일관되게 주장한 내용의 대변이었다. 또 보수, 즉 우익의 견해는 남한 정권의 정견과 정책을 충실히 대변하였다는 점이다.

견해의 차이는 어느 국가, 어느 사회에서나 없는 곳이 없다. 견해의 차이가 없고 토론이 용납되지 않는 사회나 국가야말로 문제가 있으며 비정상이라고 인정할 수 있다.

하지만 남과 북, 좌와 우의 견해 차이와 민족 상황에 대한 인식은 합치가 전연 불가능할 정도의 양극적 대결이어서 동포들의 가슴을 애타게 하고 있다.

전쟁에 의한 통일은 민족 자멸의 길

배달겨레는 실망으로 주저앉아서는 안 된다. 우리는 '홍익인간의 정신'으로 면면히 민족정신을 이어오지 않았던가.

좌·우 이데올로기의 양극적 대립은 그것이 전혀 시대적, 역사적 상황에 민첩하게 대처하지 못한 채 미련스레 외세에 사주되어 시작된 대결일 뿐이다. 이는 민족의 본의가 아니라는 사실을 반드시 인식할 필요가 있다.

외세의 사주, 미련한 대결. 21세기의 우리 겨레는 여기에서 희망을 찾아야 한다.

외세의 사주는 극복하고 역이용할 수 있다.

미련은 떨쳐버리고 현명해질 수 있으며, 민족적 양심으로의

회귀가 가능한 문제이다.

역사상 1,300여 회나 외침을 당하면서도 이 강토를 지키고 혈맥을 지켜온 민족이 아니던가?

민족혼을 되찾고 발전시켜야 한다.

그깟 외래 이데올로기들의 상륙에 혼비백산하고, 그것들의 작간질을 물리치지 못하고 눈물과 탄식을 끝내지 못한다면, 7,000만 온겨레의 수치일 뿐이다.

재외교포가 수백만인데 그들이 어떻게 얼굴을 들고 타국에서 살아갈 수 있겠는가.

국내에서 살든 해외에서 살든 우리는 자랑스러운 민족이 되어야 한다.

그러려면 먼저 분단 조국을 평화적으로 통일하고, 세계평화에 앞장서고, 이바지하는 국가·민족이 되어야 한다.

그러려면 먼저 '이데올로기적 통일'이 선결 과제가 된다. 그러나 좌·우 이데올로기의 융합은 가능할지언정 통일은 기대할 수 없다. 그 이유는 두 이데올로기의 특성적 기본 사상 때문이다.

즉 진보적 좌익은 혁명 제1 주의로 현재적 제 모순을 혁명으로 일거에 뒤엎는다는 사상이다. 반대로 보수적 우익은 혁명 반대의 사상이다. 혁명을 위험시하고 점진적 개혁 정신이 골격이다. 따라서 두 이데올로기는 빙탄불상용(氷炭不相容)이어서 이데올로기적 통일은 불가능하다는 것을 확인할 수 있다.

민족 분단은 이데올로기적 상황인데 그것의 통일이 불가능한 것이라면 민족 통일은 불가능한 것인가?

한반도의 상황은 바로 여기에 문제가 있는 것이다.

좌익 정권이든 우익 정권이든 어느 한쪽의 붕괴 없이는 통일은 불가능하다는 견해는 그래서 설득력이 있었다. 또한 전쟁 불가피론도 긍정적일 수 있었던 게 사실이다.

하지만 전쟁에 의한 통일론은 더 이상 거론할 수 없게 된 것이 오늘의 상황임은 누구도 부인할 수 없을 것이다.

전쟁은 바로 민족 자멸의 길이기 때문이다.

북이든 남이든 전쟁 승리로 통일을 이루었다고 가정하여도, 초토화된 국토와 겨우 살아남았으되 피폐할 대로 피폐해진 동포의 모습은 상상만 하여도 모골이 송연해진다.

우리는 아프가니스탄의 참상을 연민하거니와, 만약 한반도에서 전쟁이 터진다면, 그 참상은 아프가니스탄의 그것보다 더 참혹할 것이라는 추측은 어렵지 않을 것이다.

평화 통일의 민족적 열망은 그래서 민족 구성원 전체의 바람이 되었으며, 거기에는 남북 주민의 차이가 전혀 존재하지 않는 것이다.

존재한다면 남·북 정권의 핵심 계층에나 있을 것이지만, 만약 민족의 여망을 저버리는 자가 있다면 당연히 민족 반역자의 손가락질을 면할 수 없게 될 것이다.

좌·우 이데올로기 통일의 선결 과제

이데올로기적 통일이 불가능하다면 그 대안은 무엇인가?
우리는 그 길을 찾아야 한다. 찾되 적극적으로 찾아 나서야 한다.
혹자들은 말한다. 북과 남의 교류를 넓히면서 신뢰를 쌓아 나가면 앞으로 20~30년 후에는 통일을 이룰 수 있다고 전망한다.
50여 년의 세월이 짧아서 앞으로도 30년을 더 기다려야 한다는 말인가. 36년의 일제강점기도 얼마나 긴 세월이었던가.
그 사이 우리의 동포들은 한을 안고 죽어가고 있다. 인생은 한 번뿐인데 왜 이렇듯 못난 민족으로 살아야 하는가.
이데올로기의 대결 상황은 민족의 이름으로 마침표를 찍어야 한다. 21세기의 벽두에 우리는 민족의 나아갈 길을 확정하지 않으면 안 된다.

통일에 대한 성급한 기대는 위험한 환상이라는 논리도 있다.

물론 그럴 수도 있을 것이다.

또 어떤 사람은 통일 여건의 성숙을 논하기도 한다. 역시 일리가 있다고 본다.

그러나 우리의 속담에도 있고 시구(詩句)에도 있듯이 "오르고 또 오르면 못 오를 리 없건만 사람이 제 아니 오르고 뫼만 높다 하더라"처럼, 우리 조상들은 어떤 일의 성취를 위해서는 끈기가 있어야 한다고 가르쳐 왔다. 우물을 파도 한 우물을 파야 한다고도 했다.

끈기의 배달 정신을 이어받아 통일운동에 원용하지 않으면 안 된다.

민족의 통일에 우선하는 통일이 좌·우 이데올로기의 통일이다.

그것은 남이든 북이든 이데올로기적 학정에 지칠 대로 지친 민중의 억눌린 공포가 완전히 제거되지 않은 것에 원인이 있다. 민중은 그래서 자신 위에 군림해 온 공포의 이데올로기가 우선 통일을 이루기 전에는 사실상의 민족 통일은 환상이라고 생각하게 되었다.

통일은 우리의 소원인데, 그 꿈이 환상일 때 민중의 절망은 너무나 클 수밖에 없는 것이다.

관제 통일 논의에서 벗어날 때

 민족은 역사적 실체(體)인데 그 실체 위에 이데올로기가 군림하고 있다.
 그야말로 완전히 주객전도의 양상이 50여 년의 긴 세월 동안 한반도를 공포의 소용돌이 속으로 몰아넣었다.
 지난 50년 동안 진정한 통일 논의는 사실상 불가능한 상태였다.
 통일을 갈망하여 자기 논리를 발표할 의욕이 있어도, 여차하면 빨갱이로 몰릴 수도 있고, 반동적 반통일 분자로 낙인될 수 있으므로, 자연히 몸을 낮추고 입조심을 신조로 하게 되었다.
 빨갱이든 반동이든 똑같이 저승사자 앞으로 자청하여 출두하는 꼴이었으니, 누구나 자기 생명은 소중한 것이므로 입조심이 신조가 될 수밖에 없었다.

 물론 통일 논의가 없었던 것은 아니었다. 그러나 그것은 어디까지나 남북 당국의 관제 통일 논의에 불과할 뿐이었다.
 즉 통일은 전민족적 과업이면서도 좌익 이데올로기의 정권과 우익 이데올로기 정권의 특권적 논의에 불과했다.
 양상이 그러했으므로 참되고 광범한 통일 논의, 통일 실현의 방향으로 나아갈 수 있는 실질적 논의는 기대조차 할 수 없었다.

따라서 민족 구성원의 입을 막고 자유를 구속했던 평양과 서울의 좌·우 이데올로기 집단은 민족 반역의 집단으로서 민족의 역사 앞에 고발하지 않을 수 없다.

그러나 역시 이데올로기의 융합을 통해 통일을 성취하려는 마당에서 관대한 용서는 불가피한 요구조건임을 망각해서는 안 될 문제이다.

결국 이데올로기의 하수인으로 지각없이 날뛰었던 그들도 반드시 민족적 양심으로 돌아올 것이다.

자신들의 무모함이 겨레 대중을 얼마나 공포에 떨게 하고 아픈 고통을 안겨주었던가를 뉘우치고 엎드려 회개의 눈물을 흘리게 되고야 말 것이다.

그것이 역사의 거침없는 흐름이다.

우리가 이데올로기 전쟁과 그 질곡을 극복하고 성스러운 통일운동에 열성을 다하는 것은 큰 희망이다. 그러나 낡은 사상을 도태시켜 물러가게 하는 역사의 조류도 희망의 한몫을 차지함을 깨달아야 한다.

동포를 윽박질한 이데올로기 하수인들

한반도의 좌·우 이데올로기는 바야흐로 외세적 이데올로기의 방계회사, 또는 자회사를 차려놓고 큰소리치며 대중을 울골질하던 못된 시대가 끝났음을 깨달아야 한다.

이민족도 침략자도 아니면서 같은 동포를 울골질하며 허세를 부렸던 이데올로기의 하수인들이 누렸던 좋은 세월(?)은 다 지나간 것이다.

그것은 좋은 세월이 아니라 민족혼을 빼앗겼던 부끄러운 세월이 아니었던가.

50년 동안 진절머리 나게 끌어온 이데올로기 전쟁은 한반도에서도 마침내 종전을 고해야 한다.

50년이라는 세월이 물론 세계 전쟁사로 볼 때 긴 세월이 아니라고 할 수도 있다.

영국과 프랑스가 1337~1453년에 걸쳐 치른 전쟁을 통칭 '100년 전쟁'이라고 하지만, 116년간이나 지속된 긴 전쟁이었다.

또 십자군 전쟁처럼 무려 200년이나 이어졌던 불행한 전쟁도 있었다.

그 같은 역사에 비할 때 50년 이어진 민족의 비극은 긴 것이 아니라고도 할 수 있다.

그러나 100년 전쟁이건, 200년 전쟁이건 그것은 이민족 간의 전쟁이고, 더구나 문화와 전통이 이질적인 민족 간의 전쟁이었다.

하지만 우리는 이민족도 아니고 문화와 역사적 전통이 이질적이지도 않은 단일 민족 간의 전쟁이다.

단일 민족이 분단 민족으로, 특히 피 흘리고 싸우며 살아야 한다는 것은 분단과 전쟁을 체험한 민족이 아니고서는 실감하기 어려운 문제이다.

민족 이데올로기 탄생

한반도의 남북 민중이 염원하는 통일을 성취하고 민족 번영의 길로 들어서는 지선지고(至善至高)의 방법은 과연 무엇이며, 그것은 과연 가능할 수 있을까?

모든 길은 로마로 통한다고 하였다.

통일을 염원하는 민중적 열망이 강렬해지면 해질수록 암담했던 길도 열릴 수 있음을 자신해야 한다.

가장 빠른 길은 이데올로기적 융합(融合)이다. 물론 더디지만, 여건의 성숙을 기다려야 한다.

하지만 우리는 이미 기다림에 지쳐있지 않은가.

이데올로기적 융합은 가능한가?

이데올로기적 통일은 불가능하지만, 융합은 가능할 수 있다.

융합의 어의는 여럿이 녹아서 하나가 되는 것을 의미한다.

화학적 어의는 우리 민족에게 더욱 적절한 것이다. 즉 몇백만 도의 고열 밑에서 원자핵을 결합해 중원자핵을 형성함을 뜻한다.

한반도에는 사실상 좌·우 이데올로기 외에도 중도 노선, 제3 이데올로기, 다양한 종교철학 등이 산재하는 형편에 있다.

융합론의 주장은 결국 좌·우 이데올로기뿐만 아니라 민족 내에 존재하는 정치사상 등을 총망라하는 것에 있다.

사공이 많으면 배가 하늘로 올라간다는데 그것이 가능하겠는가?

그것을 가능케 하기 위해서는 민족 우선의 논리가 강력한 위치를 인정받아야 한다.

좌·우 정파를 비롯하여 시민단체, 정치단체, 종교단체들까지도 자신들의 이념만을 고집해서는 안 된다.

한마디로 융합론은 여럿 가운데서 좋고 알찬 것만을 추려서 크고 실하고 실제적인 민족 이데올로기를 만들자는 논리이다.

민족 이데올로기는 다름 아닌 통일성취의 이데올로기가 될 것이기 때문에 민족 구성원 절대다수의 동의가 필수적인 과제임은 물론이다.

여건의 성숙을 기다리는 것보다 여건의 성숙 기회를 확대해 나가는 것이 통일을 향한 적극적인 정신이다.

토론과 정책 대결의 길로

이데올로기의 통일이 불가능하듯 융합 또한 용이한 작업이 아니다.

한반도에서 좌·우 이데올로기를 융합한다는 의미는, 우선 칼로 싸우던 시대를 종식한다는 뜻이다. 그런 후 건전한 토론과 정책 대결로서 동포들에게 안심과 신뢰의 장을 열어준다는 의미다. 이것은 우리에게 주어진 과제이다.

이렇게 함으로써 좌·우 이데올로기 세력은 각기 자기들의 특성적 이념을 포기하지 않고 토론과 정책의 조율을 통해 통일과 민족 번영의 새역사를 창조해 나갈 수 있는 것이다.

한반도 이데올로기의 특성 가운데 가장 공포스러운 것은 다름 아닌 살상의 정신이다.

좌익은 우익을, 우익은 좌익을 때려잡고 쏴 죽이는 무서운 대결의 정신이 50년 이상 계속되었다.

그것은 확실히 민족정신이 '이상 상태'였다고 단정할 수 있다.

동포의 가슴에 총을 쏘아댄 정신을 온전한 정신이라고 할 수 있겠는가.

비극적 상황 전개는 이데올로기 때문이었다. 북에는 좌익 정권을, 남에는 우익 정권을 수립하게 한 좌·우 이데올로기의 한반도 상륙은 민족사의 비극이 시작된 근본 원인이 되었다.

거기에 6.25 전쟁은 극좌와 극우의 대결로 치달았고, "너 죽고 나 살기" 식의 막가는 정신으로 화하고 말았다.

이렇듯 첨예화한 이데올로기 전장에 좌·우가 융합하지 않고서는 공멸한다는 위기감이 싹트기 시작하였다.
그것은 마치 세계 정세가 핵무기를 놓고 경쟁하던 시대를 끝내고 데탕트에 들어갈 수밖에 없었던 형편과 대동소이한 문제라고 할 수 있다.
미·소가 벌였던 군비경쟁은 인류 평화를 염두에 두기에 앞서 자국의 경제기반이 무너질 지경이 되자 소위 평화공존 논리가 불가피하게 된 것이다.

무한경쟁은 무한고통을 가져올 수밖에 없다.
북과 남, 좌·우의 대결도 지칠 대로 지친 상태이거니와, 통일을 향한 민중의 각성이 두려운 상태에 이르렀다.
민족정신은 이제 어느 정권, 어느 이데올로기도 동포의 안심을 무시하고 통일을 지연시키는 세력을 용납하지 않는다는 높은 단계에 도달했다.
또한 이데올로기의 하수인들도 자기들이 맹종했던 사상이 절대적인 것이 아니며, 한 시대를 풍미한 것에 불과한 가역변화(可逆變化)였다는 사실을 깨닫게 됐다.

민족은 영원하나 이데올로기는 영원하지 않다

민족 우선의 정신이 필요하다.

민족은 영원하되 이데올로기는 영원성과 절대성이 없다는 사실을 알아야 한다.

역사의 변화는 인간의 사고능력 향상과 함수적 연관이 있다. 인간의 사고는 부단히 새것을 추구하고 낡은 것을 도태해 나가므로, 좌·우 이데올로기도 낡은 과거의 사상에 불과하게 되었다.

그러나 기본적으로 자유와 평등의 이념은 변질될 수 없다. 다만 인간들이 성취해 나가는 방법의 차이를 요구할 뿐이다.

자유와 평등의 세계는 인간이 추구하는 목적의 땅이다. 좌·우 이데올로기의 갈등은 좌의 평등 우선과, 우의 자유 우선에서 비롯되고 있다. 그래서 그것은 기형적 사상일 수밖에 없었다.

우익은 자유를 슬로건으로, 좌익은 평등을 슬로건으로 내세워 자기 이데올로기를 정당화하고 대중을 자기편으로 끌어들이기에 혈안이었다.

하지만 그것이 다 무엇이었던가? 기형적 이데올로기를 맹신하며 바보의 광분을 계속했다고 비판할 수밖에 없지 않은가.

왜 그렇다고 할 수밖에 없는가? 역사적 결과가 분단을 고착화하고 민중의 고통을 연장했기 때문이다.

시대는 변천을 요구하고 있고, 실제로 변천은 부단히 진행되고 있다.

공산주의 이데올로기의 종주국이었던 소련이 붕괴한 사건도 10년이 지났다.

지구상에 처음 등장한 사회주의 국가, 강철같은 연방이라고 자부하던 소련이 아니었던가.

스탈린 대원수는 세계 약소민족의 해방자라고 하였다.

그러나 그는 집권 기간 중 4,500여만 명을 사회정화의 미명 하에 학살하였다.

혁명은 피를 부르고, 피로써 막을 내린다. 피는 또 다른 복수를 부를 뿐이다.

레닌은 '무산자의 천국' '만인의 평등'을 혁명의 슬로건으로 내걸었다.

그러나 볼셰비키 혁명은 역사의 실패작으로 끝나고 말았다.

만인의 평등은 '만인의 빈곤'만 초래하였다.

방부제 처리된 레닌의 유해, 붉은 광장에 안치된 그의 묘에는 공산당원들이 의무적으로 참배했었다.

현재 러시아 국민의 60%는 혁명이 역사의 바퀴를 거꾸로 돌렸다고 비판하고 있다.

레닌의 동상은 밧줄에 묶여 쓰러졌고, 대중의 발길질 세례를 받았다.

ML주의는 결국 절대 사상이 아닌, 인간이 제창했던 사상의

한 가지일 뿐이다.

그것을 죽기 살기로 맹신했던 이데올로기의 꼭두각시들은 진리를 깨닫고 뉘우쳐야 한다. 뉘우쳐야 할 이유가 분명하기 때문이다.

특권층 전유물이 된 이데올로기

북녘에서 진정한 평등이 실현되었는가?
남녘에서 진정한 자유가 실현되었는가?
대결을 정당화하는 선전도구였을 뿐이다.
북녘의 노동당원, 고급 간부들은 특권층이 아니었던가. 남녘의 자유는 돈 많고 권세 있는 자들만의 자유가 아니었던가.

결국 평등과 자유의 외침은 정권 안보와 특권층, 상류층을 위한 허울 좋은 구호에 지나지 않는 것이었다.

진정으로 민족을 위하고 다수의 민중을 위하는 이데올로기로 태어나야 한다.

좌와 우가 끝까지 대결하는 이데올로기, 군림하는 이데올로기의 추악한 작태를 계속한다면, 그것은 민족 구성원 전체의 불행일 뿐만 아니라 자신들도 파멸을 면할 수 없게 될 것이다.

좌·우 이데올로기는 좌익(左翼)과 우익(右翼)으로 표현된다.

즉 왼쪽 날개와 오른쪽 날개이다. 비행체는 두 개의 날개가 없이는 비행할 수 없다.

민족의 번영도 마찬가지이다. 좌·우익 이데올로기가 건전하게 토론하고 비판하면서 민족이라는 동체를 비상시켜야 하는 것이다.

좌익과 우익은 이제 민족 반역의 이데올로기적 구각을 벗어던지고, 민족화합과 민족 통일의 이데올로기로 자진하여 변화하고 새롭게 태어나야 할 때가 되었다.

역사적, 민족적 명령은 바로 그것이다.

냉전 종식 '부시·푸틴의 공동선언'

2002년 5월 24일은 냉전의 유산을 정리한 뜻깊은 날이다.

냉전 시대에는 앙숙이었던 미국과 러시아의 대통령이 이른바 '부시·푸틴의 공동선언'을 발표했다.

공동선언의 내용은 다음과 같다.

"우리가 상대방을 적으로 보거나 전략적 위협이라고 보았던 시기는 이제 끝났다. 우리는 동반자다"라고 확인하였다.

인류를 고통스럽게 했던 냉전은 완전히 종식된 것이다. 그것이 바로 역사적 변천이다.

공포 이데올로기에서 벗어나 융합 모색할 때

 냉전 종식의 다음 차례는 당연히 한반도가 되어야 한다.
 이데올로기의 기치창검을 걷어내야 한다.
 남과 북을 막론하고 한반도의 여러 혼란과 고통은 전부 좌·우 이데올로기의 대결이 빚어낸 결과이다.
 북의 주민이 빈곤과 억압을 견디다 못해 위험을 무릅쓰고 탈북하는 현상, 남의 주민이 부담하는 교육비가 세계 1위라는 사실은 모두 비정상이며, 혼란이며, 남북 주민들이 모양은 다르지만 다 고통스럽다는 증거인 것이다.

 민족 혼란은 종식되어야 한다.
 혼란을 일으킨 좌·우 이데올로기가 종식에 팔을 걷고 나서야 한다. 결자해지의 원칙이다.
 그러려면 좌·우 이데올로기는 먼저 민족이냐 이데올로기냐에서 택일해야 한다. 그것은 또한 좌우 이데올로기는 동전의 양면과 같다는 인식을 요구한다. 동전의 양면이 분리된다면 이미 화폐가치는 소멸하고 만다.
 이데올로기도 마찬가지이다. 평등을 우선하는 사상도, 자유를 우선하는 사상도 인간사회에서는 절대로 없어서는 안 될 사상이다.
 문제는 그것들의 우선순위를 지나치게 맹신하고 고집하는 데서 갈등이 심화하였다.

몇 세기 후가 될지, 혹은 100년쯤 후가 될지는 가늠하기 힘든 문제이겠으나, 자유와 평등이 보장된 세계가 건설된다면, 그곳이 바로 유토피아일 것이며 낙원이 되는 것이다.

이데올로기의 참다운 가치는 인간세계를 평화롭고 살기 좋은, 아름다운 세계로 인도하는 것에 있다.

본래 사명을 망각하거나 이행하지 못하는 사상, 맹종만을 강요하는 이데올로기는 사교(邪敎) 집단에 불과할 뿐이다.

20세기 말까지의 한반도 이데올로기는 그래서 공포스러웠고 반대자는 가차 없이 처형당하는 신세가 됨으로써 공포의 대상이었다.

지금은 이로동귀(異路同歸: 방법은 다르나 결과는 한가지)로 이해하고 융합하는 길을 찾아 나서야 한다.

그것은 학살의 구원(舊怨), 몰수와 추방의 구원, 6·25 전쟁 때에 겪은 구원, 납치와 이데올로기적 학대에 대한 온갖 구원을 광대한 민족혼으로 용서하고 포용하면서 나서야 성공할 수 있는 엄청난 문제이다.

"원한을 원한으로 갚아도 시원치는 않더라"라는 말이 있다.

88서울올림픽의 노랫말 속에는 "다 함께 살아가야 할 길 나서자"라는 간절한 호소도 있다.

한반도 이데올로기의 괴리성

이제는 정녕 다 함께 살아가야 할 길을 나설 때가 되었다.

좌익과 우익은 한반도에만 존재하는 특수이데올로기는 아니다. 그것은 유럽 여러 나라에 있으며 일본에는 공산당도 있다.

다만 한반도 이데올로기가 그들과 구별되는 것은 토론과 정책 대결이 아니라 폭력 우선의 공포적 특성에 있다.

다른 나라 이데올로기들은 정책 대결을 통해 공존하며 정권까지도 국민의 심판에 의해 평화적으로 교체하곤 한다.

그들의 이데올로기는 선진적이고 한반도 이데올로기는 낙후해서 그럴까.

그렇다고 단정하기는 어려운 문제겠으나, 한반도의 역사적 지정학적 상황들이 총체적으로 작용하여 극좌와 극우의 이데올로기로 돌변했다고 이해할 수 있다.

한반도 이데올로기가 봉건-식민지 해방-분단-6.25전쟁 등의 혼란과 불행 없이 성장하였다면, 또 미·소의 대결 상황에서 자유로울 수 있었다면, 굳이 유혈을 일으키는 대결의 역사는 없었을 것이다.

결국 한반도의 좌·우 이데올로기는 북과 남의 정권으로 민중에게 억압적이고 위협적으로 등장하였다.

그리고 각기 자신을 지원한 모스크바와 워싱턴의 비위를 거스를 수 없었고, 오히려 충성의 제스처마저 필요하게 되었다.

당시 상전인 모스크바와 워싱턴의 비위를 거스른다는 것은 그 좋은 권세를 스스로 반납하겠다는 의사표시와 다를 바 없었다.

그것은 구체적으로 반동을 숙청하고 공산당을 때려잡는 행동이었으며, 그것을 통해 상전의 이데올로기에 충성하고 있음을 확인하려 했던 것이다.

결국 한반도 이데올로기는 공산 진영과 자유 진영의 첨예한 대립 상황에서 본의든 아니든 부끄러운 괴뢰성을 포함하고 출발하였던 것이 사실이다.

좌·우 이데올로기 정권은 증오와 갈등이 증대하면서 38선에서는 인민군과 국방군의 충돌이 자주 일어나곤 하였다.

좌·우 이데올로기 정권은 마침내 '싸워서는 안 되는 싸움'을 시작하고 있었다. 작은 싸움이 6.25의 큰 전쟁으로 바뀌었고, 분단의 장기적 고착화, 이데올로기적 민족 분열의 비극을 초래하고 말았다.

민족 반역의 죄를 용서하는 동포애

역사의 심판은 그렇기 때문에 한반도 이데올로기의 무모했던 투쟁에 대하여 민족 반역의 죄과를 묻지 않을 수 없게 되었다.

만시지탄이긴 하지만, 남북 이데올로기는 자신들이 겨레에게 끼친 온갖 죄과를 사면받기 위해 역사적 민족적 명령인 '융합의 대도'로 나오지 않으면 안 된다.

마침내 좌·우 정권이 서로 용서하고 이해하는 정신, 민중은 남·북 정권들의 죄과를 대범하게 용서하는 정신을 발휘할 때, 한반도에서 이데올로기의 공포스러운 검은 구름이 걷히게 될 것이다.

용서는 "인간은 모두 불완전하다"라는 존재론적 이해에 기초하여야 한다. 또 "불완전한 존재의 사상 역시 완전할 수 없다"라는 사실에 기초해야 한다.

그래서 그것을 맹신하며 날뛰었던 동족의 죄를 용서할 수 있는 정신을 발휘할 때, 그것이 바로 아름다운 동포애가 아니겠는가.

싸움은 거듭될수록 원한만 증가하고, 원한이 증가하는 것과 같은 비례로 민중의 고통만 증가할 뿐이다.

독실 의회 '한반도 평화 통일 촉구 결의안'

싸움은 50여 년이나 계속되었다.

21세기 벽두인 현재, 지금이 바로 중요한 깨달음의 때이다.
'50년의 동족상잔'을 멈출 때가 된 것이다.
'때'를 인식하고 깨닫는 것은 매우 중요한 일의 시작이다.
통일의 때가 되었다는 증거는 먼저 국제정세와 국제여론에서 확인되고 있다.
냉전의 유산 정리는 물론이거니와 한반도 통일을 지원하는 여론이 세계화, 조직화 되는 추세이다.
독일 의회는 '한반도 평화 통일 촉구 결의안'을 만장일치로 통과시켰다. 분단의 고통을 경험한 민족이기 때문에 연민의 감정이 더했음을 알 수 있다.

때가 되었다는 것은 다음과 같은 명백한 이유가 있다.
50여 년 계속된 분단의 비극, 겨레의 고통을 이제는 끝장내야 하는 것에 있다.
이데올로기의 군림은 더 이상 용납될 수 없다.
민중이 똑바로 눈을 떴다. 섣부른 기만 선전이나 위장 전술 따위는 통하지 않게 되었다. 더구나 위협과 독재적 통치 방법은 민중의 강력한 저항을 피하기 어렵게 되었다.
따라서 군림하던 이데올로기는 민족 통일에 앞장서고, 민족의 이익에 봉사하는 이데올로기로 탈바꿈해야 한다. 그러기 전에는 발붙일 땅이 없다.
그러려면 좌익은 평등사회 건설에 쏟았던 이데올로기적 열정을, 우익은 자유 수호에 쏟았던 반공의 열정을 통일의 마당으로 옮겨야 한다.

그래서 민족 전체를 위한 열정으로 역량을 결집해 나가야 한다.

빨갱이는 누구인가?

반동분자는 누구인가?

모두 겨레가 아닌가. 겨레는 한 조상에서 태어난 자손이다.

겨레가 이데올로기 때문에 서로 총부리를 겨눈다는 것은 너무나 큰 민족적 비극이 아닌가.

계급투쟁, 혁명의 매력에 모두 놀아났거나 아픔을 당했던 게 우리였다.

무지 속에서 누가 피를 흘리고, 왜 죽어가는지조차 모른 채, 칼부림에 정신을 빼앗겼던 게 우리였다.

그 세월이 장장 50년이나 되었다.

그래도 못난 칼부림을 계속할 것인가? 물론 "나는 그래야겠소"라고 할 사람은 하나도 없을 것이다.

민족의 염원은 이미 통일되어 있다.

그런데 어째서 통일을 이루지 못하는가. 소수 이데올로기 집단이 철벽을 만들어 왔기 때문이다. 그 장벽, 아니 철벽들을 하나씩 제거해 나가야 한다.

그것에 앞서 반드시 깨달아야 할 몇 개의 항목이 있다.

첫째, 이데올로기의 절대성에 대한 부정이다. 사상체계는 인간적 사고의 산물로서 역사의 변천에 따라 부침하며, 또 변하지 않을 수 없는 법칙성이 있는 것이다.

소련의 붕괴와 중국의 개혁·개방 정책이 그것을 증명한다. 중국은 사회주의 국가이면서도 시장경제를 도입하고 있다. 이는 계획경제만으로는 국민의 소비 욕구를 충족시킬 수 없기 때문이다.

21세기는 이데올로기의 강요보다 어떠한 전략·전술이 국민을 풍요롭게 하느냐에 초점이 확대되고 있다.

중국의 장쩌민 주석도 '3개 대표' 이론에서 선진생산력, 선진문명, 광범위한 대중의 이익을 강조하고 있다.

사회주의 혁명 구호만으로 통치하던 시대는 끝났음을 증명하는 실례라고 할 수 있다.

자본주의도 마찬가지이다.

자유경제 체제가 광범위한 대중의 이익을 보장하지 못하고 있다. 부자는 너무 많이 가지고, 빈자는 너무 가진 게 없다. 빈익빈 부익부는 계속되고 있다.

마르크스의 자본주의 자멸론이 적중하지 않는 것은 그나마 개량·개혁을 실행하는 덕분이라고 할 수 있다.

전제적 자본주의가 개량된 자본주의로 변화함으로써 겨우 붕괴를 면해가고 있다.

어떤 경제학자는 자본주의도 그 수명이 절정에 달했다고 하면서 "자본주의여! 이쯤에서 물러가라!"라고 주장한다. 하지만 아직은 자본주의의 확실한 대안이 없고, 제3의 길을 논하기도 하나 실현의 문제는 관망을 요하는 상태이다.

이렇듯 통치 이념으로서의 이데올로기는 어느 국가든 완벽하다고 절대성을 주장할 만한 것이 있지 않다.

둘째는 자기반성과 자아비판이다.

좌·우 이데올로기는 똑같이 자기들에 의한 50년의 분단, 민족의 고통, 민족의 자살행위를 지휘하고 부추겼던 것을 반성하고, 스스로 비판해야 할 것이다.

자아비판은 노동당을 이롭게 하기 위한 종래의 정신과 방식이어서는 가치가 없다. 미완의 이데올로기를 절대 진리로 맹신하면서 동포를 울골질했어도 가책을 몰랐던 것을 스스로 비판해야 하는 것이다.

셋째는 각기 보복에 대한 공포의 불식이다. 좌·우 진영은 사실 원한이 너무 깊다. 맘대로 할 수만 있다면 자기 형제를 해쳤던 자를 찾아내어 능지처참하고픈 심정일 것이다.

우리가 통일을 이루어도 그러한 사태는 철저하게 경계 되어야 한다. 통일은 물론 남북 정부가 제시하고 있는 통일방안이 철저하게 취사 선택되고 검증된 후에 실현되겠지만, 통일 헌법에는 반드시 구원을 보복하는 것에 대한 엄격한 제재 조항이 명시되지 않으면 안 될 것이다.

통일을 위한 실천의 중요성

통일은 실천의 문제가 중요하다.

80년대부터 90년대에 걸친 활발한 통일 논의는 통일연구에 정열을 쏟았던 학자들에 의해 '국민적 합의 노력'을 호소하는 책으로 잇달아 발간되었다.

학자들은 책에서 민족 분단 상황을 다음과 같이 정의하였다.

"민족의 분단은 민족의 생존을 위협하고, 인간으로서의 존엄과 가치를 상실하게 하여 고통스럽고, 아픈 삶을 살 수밖에 없게 하는, 여러 모순의 총체적 형태의 근본적 원인이 되고 있다."

학자다운 분석이며 정의임에 틀림없다. 그러나 고통의 근본 원인을 분단 상황으로만 간주하고, 분단을 야기한 이데올로기적 상황의 해명이 없는 것은 허전한 마음을 금할 수 없게 하는 문제이다.

87년 5월에는 통일민주당의 정강 정책이 논란을 일으켰던

일이 있었다.

논란의 내용은 다음과 같다.

제1항 : 민족 통일이 정치적 이념과 체제를 초월하는 민족사적 제1과제임을 인식하고 이를 국정의 지표로 삼는다.

제5항 : 통일 논의를 국민적 차원으로 확대한다. 통일에 관한 여론을 수렴하여 국민적 합의를 도출하고, 통일운동을 민주적 방식으로 전개한다.

이것은 한 정당의 정책지표였으나 그 이전의 상황에 비해 아주 발전적인 사례였다.

통일은 두말할 필요 없이 특정 집단(이데올로기 집단)이나 정권의 문제가 아닌, 전체 겨레의 문제이므로 너무나 당연한 정책지표였다.

그러나 실천이 따르지 못했다.

역사는 구호로 이루어지는 것이 아니다.

지난 50년 동안에는 평화 통일의 외침도 많았고, 민족의 염원을 반영하듯 72년에는 7.4 공동성명이 있었으며 남북 당국자들의 접촉도 시도 되었었다.

그것들이 헛구호로 끝나고 성명이 사문화한 것은 실천의 의지가 미약했고, 기본적으로 상호 의구심을 버릴 만큼 인식의 변화에 바탕 한 신뢰가 없었기 때문이었다.

잡아 죽일 놈에서 막걸리 나누고 싶은 놈으로

사실 우리의 통일연구는 민족의 염원을 어떻게 실천하느냐 보다, 분단의 기본 장벽인 좌·우 이데올로기의 갈등을 어떻게 해소하고 융합하느냐 하는 것이 가장 우선되지 않으면 안 된다.

통일이 어려운 이유는 이질적 체제의 정권이 대결하는 것이기 때문이다. 민족 구성원들이 대결하고 있는 것이 아니다.

정권은 각기 자기 체제에서 기득권을 가진 집단의 대표라고 할 수 있다.

그런데 수년 전까지도 계속되고 있는, "남진하여 통일되면 악질 반동은 다 죽여버리겠다.", 또 "북진하여 통일되면 빨갱이, 세포 위원장은 쏴 죽이고 말거야"라고 벼른다면 통일은 불가능한 문제가 된다.

그렇기 때문에 갈등의 가장 기본원인인 이데올로기 장벽을 제거하지 않고서는 통일의 실천적 노력도 불가능할 수밖에 없다.

일부 여론은 통일이라는 말 잔치만 벌이지 말고 한 가지씩이라도 실천되는 모양을 요구한다. 그러나 작은 일이건 큰 문제이건 기본적 대결구조를 허물어야 비로소 실천적 노력이 가능할 수 있다는 것을 깊이 깨달아야 할 것이다.

그러기 위해서는 모든 방면에 걸친 노력이 진행되어야 한다. 즉 언론매체와 사회단체들의 대중 교육 등이 이념적 대립의 조장을 경계하고, 오히려 대결 정신을 완화 시키는 행사를 앞다투어 실천해야 한다.

북이 대규모 군중대회를 소집하여 남쪽의 반동분자를 때려잡자든가, 남의 교과서에 반공교육을 강화함으로써 빨갱이는 뿔이 있고 무서운 괴물 같을 거라는 따위의 결과를 경계해 나가야 한다.

부연하면 앞으로는 각기 "잡아 죽일 놈"에서, 함께 "막걸리라도 나누고 싶은 놈"으로 바꿔나가야 한다.

왜 용서하고 참아야 하는가?

그러지 않고서는 통일은 요원하기 때문이다. 그것이 소(小)를 버리고 대(大)를 찾는 길이기 때문이다. 참을 인(忍)이 셋이면 살인도 면한다는 조상의 가르침을 명심할 때가 바로 지금이다.

막대한 군비를 통일 비용으로

본 논의도 결론을 요구할 시점이 되었다.

통일에 대한 제안은 풀어나가자면 한도 끝도 없을 것 같다.

문제가 너무 어렵고 비탄과 한(恨)의 세월이 너무 길었던 때문일 것이다.

한반도의 겨레가 이제는 정말 대오각성해야 한다. 반만년 단일 민족의 자랑스러운 역사 전통을 파괴하느냐, 계승하느냐의 기로가 21세기 벽두에 제시되고 있기 때문이다.

좌익 정권과 우익 정권은 동시에 어떻게 하는 것이 민족적 대의에 부합하는 것이며, 어떻게 하는 것이 민족적 대의에 반역하는 것인가를 심사숙고해야 할 것이다.

통일은 민족이라는 '동포애적 울타리' 속으로 자진하여 들어가기 전에는 불가능한 문제임을 깊이 깨달아야 한다.

겨레의 행복을 위해서는 기득권 따위는 가볍게 포기하고, 과거에 저지른 반민족적 죄과로 인하여 동포의 손에 맞아 죽는 한이 있더라도, 동포애의 울타리 속으로 자진해 들어가는 용기가 있어야 한다.

그것이 공명정대한 길이며 의인의 길이 아니겠는가. 동포들의 손가락질과 분노의 욕설을 외면하고 잔명 부지에 연연한다면, 그것은 인간으로서의 수치일 뿐이다.

좌·우 이데올로기가 50년 대결의 장(場)에서 소모 시킨 에너지의 양은 엄청난 것이다. 지난 반세기는 민족 에너지의 허비, 낭비 기간이었다.

겨레의 절대다수 민중이 헐벗고 굶주려도, 자기 이데올로기를 지키기 위해 전투기와 군함과 온갖 무기를 사들이는 데 혈안이었다.

더 이상 민족 에너지를 허비하여서는 안 된다. 군비경쟁은 공멸의 길이며 민족 자멸의 길일 뿐이다.

앞으로 민족 에너지는 분단을 연장하는 대결의 무기로 악용되어서는 안 되며, 화합과 통일을 앞당기는 에너지로 선용 되어야 한다.

남반부 민중과 북반부 민중이 언제 원수가 되었는가. 인민군 병사와 국방군 병사가 언제 원수가 되었는가. 순전히 좌·우 이데올로기의 광분과 민족을 오도한 결과였다.

북반부 동포와 남반부 동포가 만나면 서로 안부를 확인하며 그렇게 반가울 수가 없다.

남반부 청년과 북반부 청년이 만나면 금방 동포의 정을 느끼고 친숙해진다. 그리고 분단의 아픔을 서로 연민한다.

동포애와 그 정을 떼어 놓은 것이 이데올로기의 작간질 이었다. 그 철벽같은 장벽을 허물어야 한다.

좌·우 정권들은 민중의 아픔을 이해하고 같이 아픔을 느끼는 양심으로 돌아가야 한다.

무엇을 위해 민족의 희생을 강요하였던가. 무엇을 위해 사생결단하였던가.

엥겔스는 "공상적 사회주의에서 과학적 사회주의로 이행한다"라고 하였다.

공상적이건 과학적이건 평등의 사회를 추구하는 것은 이데올로기의 자유 영역이다.

하지만 그것을 섣불리 현실에 이식하려 광분했기 때문에 세계와 한반도가 극심한 홍역을 치른 것이다.

극심한 홍역을 치유하고 통일을 이루어 내야 하는 것이 오늘의 민족적 과업이다.

휴전선의 철책을 걷어내자

평화 통일은 이데올로기 집단이나 민족 구성원들이 사과나무 밑에 누워있는 것처럼 언젠가 이루어질 필연성을 내포하고 있는 것이 아니다.

겨레가 협력하여 창조하고 앞당겨야 할 과업이다.

민족은 한반도에서 영원히 살아갈 실체이다.

민족 구성원들이 일생을 살고, 생명이 소멸해 가더라도 후손의 대(代) 이음은 연면히 이어진다.

그러나 정권이나 이데올로기는 영원한 것이 아니다. 따라서 절대적인 것도 아니다.

평등 이데올로기가 환상이었고, 소련의 붕괴가 역사적 현실이라는 인식을 한다면 좌익 집단은 신속하게 궤도 수정을 단행

함이 현명한 자세가 될 것이다.

그렇다고 자유 이데올로기가 완벽하다는 주장은 있을 수 없다. 자본주의 체제의 허다한 모순들은 너무나 적나라한 것이기 때문이다.

이데올로기의 천재는 없다고 한다. 역사의 변천이 이데올로기의 절대성을 용납하지 않기 때문이다.

50년 전 한반도에서 마르크스 레닌주의는 절대적 위세가 충천했었다. 그러나 마르크스도 죽고, 레닌도 죽었다. ML주의는 결국 역사상 부침한 사상의 한 가지일 뿐이다.

역사적 유물론의 신봉자들은 당황하고 허탈했을 것이다.

북의 정부는 그 대응으로 "우리대로 산다"라고 외쳤다.

우리 식은 애매하고 모호하다. 민족정신이 강조되어야 한다.

민족정신은 좌익도 아니고 우익도 아니다.

오직 민족을 이롭게 하는 정신, 통일도 번영도 민족의 이름으로 이루어져야 한다.

좌·우 사상은 민족의 대도를 가로막고 사생결단하던 집단에서, 견제하고 협력하면서 민족 번영을 이끄는 전위가 되어야 한다.

그것이 순수한 민족 정신으로의 귀의인 것이다.

남북 정부들은 앞으로도 민중의 혈세를 수탈하여 군비를 증강하고, 이데올로기 대결을 연장하여서는 안 된다.

휴전선의 철책을 걷어내고 화합의 정신을 행동으로 보여야 한다.

군비와 안전요원의 무력으로 민중을 공포스럽게 통치하는 정부는 이미 자격을 상실한 정부일 수밖에 없다.

남북 정부들은 똑같이 죄의식을 느끼고 반성하여야 한다. 어떤 명분으로도 반세기에 걸친 겨레의 희생은 정당화할 수 없기 때문이다.

한반도에 보이는 희망

2001년과 2002년은 한반도에 매우 고무적인 현상들이 확인되고 있다. 이데올로기의 검은 구름이 다소나마 걷히는 것 같은 희망이 보이는 것이다.

남북 정상의 6·15 남북공동선언이 더디지만 조금씩 실행되고 있다.

문화를 포함한 각 분야의 조심스러운 교류, 이산가족 면회, 정부나 군사 당국의 회담 등이 그것이다.

경의선과 동해선의 철도연결 합의는 2000년 9월부터 시작한 회담으로 2년여 만에 결실을 보게 되었다. 얼마나 다행스러운 현상인가.

그것만으로도 남북 동포는 희망과 기쁨에 들뜨고 있다.

마음 한번 넓고 크게 다지면 화합은 생각처럼 그렇게 난제만은 아니다.

아시안 게임의 성화 합화식은 또 얼마나 감동적이었던가. 백두산과 한라산에서 채화한 불꽃이 도라산역에서 합화 되었다.

그것은 단순한 불꽃의 합화가 아니라 민족혼이 다시 합치는 시작으로 보아도 틀리지 않는다.

이데올로기의 철벽은 사실 그 허상의 정체를 이해하고 나면 아무것도 아니다.

좌우가 똑같다. 이데올로기의 깃발을 부둥켜안고 잔명 유지에 급급해하는 집단만 제정신을 차린다면, 그것은 베를린 장벽처럼 와르르 무너질 수밖에 없는 것이다.

이데올로기의 앞잡이였던 집단들은 이제는 정녕 겨레를 위하는 정신으로 돌아와야 한다.

남북 장관급 회담장의 모습만 봐도 그렇다. 고급 호텔에서 값비싼 음식, 값비싼 술로 거만스레 건배하는 것이 과연 제정신이고 올바른 자세인가.

북에도, 남에도 굶주리는 동포가 얼마나 많은데 속 편히 건배할 때인가.

이데올로기의 하수인들이 혈세를 걷어다가 제멋대로 허비하는 것은 우스꽝스럽다.

앞으로는 검소하게 국수 한 그릇으로 줄여야 할 것이다.

그래야만 동포들도 그 정신에 공감하고 능지처참하고픈 분노를 참을 수 있을 것이다.

물론 북의 대표가 남으로 오고 남의 대표가 북으로 가면, 각기 귀한 손님이니 정성껏 대접해야 하는 것은 예의임이 틀림없다.

하지만 각 대표는 민족의 비통한 현실을 잊지 말고 사양하여 접대의 검소한 분위기를 유도해 나가는 자세가 있어야 한다.

현대는 무(無)이즘의 시대, 새로운 역사를 향해

한반도의 민족적 현실을 잊어선 안 된다.

우리가 지금 온전한 행복을 바란다면 우리는 모두 바보라고 할 수 있다.

우리는 분단 상황으로 행복의 밑동을 깎으며 행복을 꿈꾸는 모순의 삶을 살고 있었다.

우리는 지금 세계의 흐름을 살피고 우리의 현실을 직시하지 않으면 안 된다.

세계가 전쟁의 광란으로는 바람직한 역사를 창조할 수 없다.

북의 정부와 남의 정부도 마찬가지다. 대결만을 계속한다면 민족의 장래는 암담할 수밖에 없다.

세계 여러 나라들의 발전상은 다른 나라에 지지 않으려는 강박관념과 경쟁심리의 결과일뿐, 결코 인류 간의 아름다운 협력의 결실이라고 할 수는 없다.

북반부의 군비 증강과 남반부의 경제성장도 세계적 상황과 맥을 같이한다고 풀이할 수 있다.

좌와 우의 사상과 정부가 이제는 정말 머리를 맞대고 토론, 협력해야 한다.

때에 따라서는 격렬한 논쟁도 있어야 한다. 논쟁은 아이디어의 산실이다.

다만 논쟁하되 자기 이데올로기의 주장이 아니라 통일을 실현하고 앞당기는 원칙의 논쟁이 되어야 한다.

토론은 역지사지의 정신이 앞서야 한다. 좌익은 우익이 밉고 우익은 좌익이 밉지만, 남과 북은 엄연한 실체이므로 상대주의 정신을 갖지 않으면 안 된다.

그러기 위해서는 한반도 이데올로기와 공포스러운 대결의 역사성을 인식해야 할 필요가 있다.

과거 착취 제도로서의 자본주의는 500여 년의 역사를 가지고 있다. 착취가 묵인되는 제도는 당연히 혁명의 대상이었다.

평등은 만인의 소망이다. 마르크스의 사상은 그래서 한 시대를 풍미할 수 있었다.

결국 자본주의가 최대의 적으로 사력을 다해 방어했던 공산주의 사상은 그 온상이 부패했던 자본주의였다.

그것은 아이러니가 아니라 당연한 결과라고 규정할 수 있다.

계급사회는 무계급의 사상을 방어하고, 무계급의 사상은 계급타파를 역사적 과업으로 투쟁하면서 자본주의와 공산주의의 대결은 심화하였다.

그러한 세계적 상황이 세계 제2차대전 종전과 함께 고스란히 한국으로 유입해 왔다.

하지만 무(無)이즘의 시대가 전개되었다. 이데올로기적 대결이 결코 인간을 이롭게 하는 것이 아니고 희생만 강요한다는 사실을 깨달은 결과였다.

한국의 이데올로기도 이제는 그것을 깨닫고도 남았을 것이다.

이데올로기는 역사에서 영원히 있을 수 없다. 영원한 진리를 기대할 수 없듯이 이데올로기도 영원성을 획득할 수 없다.

다만 영원성을 획득할 수 있는 기본적 이데올로기는 평화와 낙원에 대한 이상일 뿐이다.

따라서 변천하는 시대 상황과 문명의 척도에 따라 적응하는 이데올로기는 생성과 소멸을 계속할 것이다.

520년의 역사를 가진 자본주의는 늙었으나 능구렁이가 되어 노회하기 이를 데 없다.

그러한 자본주의를 상대로 싸웠던 공산주의는 겨우 100년의 역사일 뿐이어서 독사 체제로 독사와 같이 악독할 수밖에 없었다.

결국 자본주의와 공산주의 대결의 역사는 능구렁이와 독사의 승산 없는 싸움일 뿐이었다.

어떤 사람은 소련의 붕괴는 공산주의의 패배라고 규정하지만, 사실은 자체적 모순을 극복할 수 없어서 스스로 붕괴하였다는 주장이 더 합당한 판단이라고 할 수 있다.

즉 공산주의 이데올로기가 평등의 아름다운 논리로 출발하였으나, 지도 계급이라는 새로운 계급을 탄생시켰고, 저항을 억압하는 전제적 폭력, 유일사상의 강요에 의한 창의성의 박탈로 인한 자기모순에 의해 스스로 붕괴할 수밖에 없었다.

그러나 "마르크스는 죽지 않았다"라는 주장이 살아있는 것은, 평등에 대한 인간의 염원이 꺼지지 않았다는 반증이다.

따라서 자본주의와 공산주의의 대안은 자유와 평등을 동시적으로 실현하는 역사의 출발에서 시작되어야 한다.

통일의 방법 산출(案出) 위한 통일 씽크탱크

한반도의 경우 대선을 통해 통일 정부를 수립하고 총선을 통해 의회를 구성, 좌익과 우익이 정치 현장에서 정책으로 대결하고, 국익을 위해서는 협력하는 체제가 수립되어야 할 것이다.

좌익은 평등의 유리한 법안을 제출하고, 우익은 자유 신장에 앞장서서 표로 결정하는 완벽한 민주 통일이 이루어졌을 때 확실한 통일이 성취되는 것이다.

통일방안은 남북 정부에서 이미 확인하고 있는 것들을 종합 분석, 합의하여 현실에 접목해야 할 것이며, 거기에는 이데올로기적 흉계가 개입할 수 없어야 한다.

여기에서 자유 총선의 가능성 유무는 북이 일관성 있게 주장한 제안으로서 공통점이 있으므로 접근의 희망이 엿보인다 할 것이다.

즉 1960년 8월 14일, 해방 15주년 경축 연설에서 김일성 주석은 남북 자유 총선을 제안하였다. 1971년 4월 12일에는 최고인민회의에서 외상 허담이 자유 총선이 어렵다면 '최고민족회의'를 조직할 것을 제의했었다.

또한 1972년 5월 26일, 뉴욕타임스와의 기자회견에서 김 주석이 '최고민족회의' 조직을 거듭 주장 했었다.

좌익 정부든 우익 정부든 자유 총선에 대한 정당성과 당위성을 부정할 수 없는 문제이다. 사실 민족 통일 과업에서 민족 구성원의 의사표시는 무엇보다 중요하다.

그러므로 통일 정부 수립의 제1 방법은 자유 총선에 의한 겨레의 선택이 보장되어야 한다. 과반수의 동포가 좌익 정당이나 우익 정당에 찬성 투표했다면 당연히 과반수를 득표한 정당이 정부를 수립할 권리를 갖게 되는 것이다.

만약 합당한 현실적 논리로서의 자유 총선을 꺼리고 거부하는 정당이 있다면, 그야말로 동포의 심판이 두렵기 때문이라고 단정할 수 있다.

여하튼 남북의 학자나 통일꾼들로서 '통일 씽크탱크'를 구성, 거기서 나오는 제안을 널리 대중에게 알리고 대중의 의견을 수렴하는 방법으로 합의점을 도출해야 할 것이다.

남반부의 대학에는 78개나 되는 통일 연구소가 있고 '대학 통일 연구소 협의회'도 있다고 한다. 그 협의회는 1983년에 발족 되었다고 하니 짧지 않은 세월이다. 연구 성과가 무엇인지도 자못 궁금하다.

통일의 출중한 방법을 안출(案出)하는 것은 민족적 역사적 요구임과 동시에 간절한 소망이 되었다.

그럼에도 무엇보다 중요한 것은 이데올로기 하수인들의 솔직한 정신자세이다.

김정일 위원장이 고이즈미 일본 총리에게 일본인 납치를 시인하고 사과한 것은 참으로 훌륭하며 얽힌 역사를 푸는 용기이다.

남에게만 사과할 것이 아니고 남북은 서로 사과하고 반성하면서 '융합의 대도'로 나아가야 한다.

"마음속의 38선이 무너지고야 땅 위의 38선도 철폐될 수 있다"라는 백범의 절규를 상기하면서 결론에 갈음하고자 한다.

김상운

- 1933년 황해도 해주 출생
- 1950년 해주 사범 졸업
- 북한 집단농장 생산지도원
- 1953년 7월15일 휴전 직전 북한 탈출
  (결사단 조직, 10명 집단 월남 귀순)
- 육군본부 국방부 병무국 근무
- 남한산성 움막에서 평화 세계 연구

저서

- 1979년 『탈출기』
- 1985년 『별 따는 마을』
- 1989년 『오 사할린』 등
  신동아(전쟁문학 공모) 당선 게재됨
- 1994년 『대장과 여교장』(전쟁기념사업회 전쟁문학 공모당선작)은
  1994년 6월 24일 KBS 제1라디오에서 드라마로 각색 방송
- 1998년 『21세기 평화론』
- 2002년 『결혼의 미학』
- 2003년 『韓半島 이데올로기는 恐怖다』
- 2015년 『덴쇼헤이까(天皇陛下) 죽어라!』

남·북한·재외 동포여!
8000만 온 겨레에게 고함
- 통일의 길로 나가자! -

초판 1쇄 발행	2024년 9월 1일
저　　　자	김상운
펴　낸　곳	북앤스토리
출 판 등 록	2000년 7월 13일 제2010-08호
전　　　화	031-336-3133
팩　　　스	031-336-3132
E - m a i l	bookstory@naver.com

ISBN 979-11-977281-3-6(03340)

ⓒ김상운, 2024

· 이 책의 일부 또는 전부를 재사용하려면 저작권자와 「북앤스토리」의 동의를 얻어야 합니다.
· 잘못된 책은 구입한 곳에서 바꿔드립니다.